KB204396

근현대 전법 선맥(傳法禪脈)

75조 경허 성우(鏡虛 惺牛) 전법선사

오도송

홀연히 콧구멍 없는 소 되라는 말끝에
삼천계가 내 집임을 단박에 깨달았네
유월의 연암산을 내려가는 길에서
일없는 야인이 태평가를 부르노라

忽聞人語無鼻孔
頓覺三千是我家
六月鷰岩山下路
野人無事太平歌

76조 만공 월면(滿空 月面) 전법선사

전법게

구름과 달, 산과 계곡이라, 곳곳에서 같음이여
선가의 나의 제자 수산의 큰 가풍일세
은근히 무문인을 그대에게 분부하니
이 기틀의 방편이 활안 중에 있노라

雲月溪山處處同
叟山禪子大家風
慇懃分付無文印
一段機權活眼中

* 제75조 경허 성우 전법선사 전함 / 제76조 만공 월면 전법선사 받음

77조 전강 영신(田岡 永信) 전법선사

전법게

불조도 전한 바 없어서
나 또한 얻은 바 없음을…
가을빛 저물어 가는 날에
뒷산의 원숭이가 울고 있네

佛祖未曾傳
我亦無所得
此日秋色暮
猿嘯在後峰

* 제76조 만공 월면 전법선사 전함 / 제77조 전강 영신 전법선사 받음

78대 농선 대원(弄禪 大圓) 전법선사

전법게

부처와 조사도 일찍이 전한 것이 아니거늘
나 또한 어찌 받았다 하며 준다 할 것인가
이 법이 2천년대에 이르러서
널리 천하 사람을 제도하리라

佛祖未曾傳
我亦何受授
此法二千年
廣度天下人

부송(付頌)

어상을 내리지 않고 이러─히 대한다 함이여
뒷날 돌아이가 구멍 없는 피리를 불리니
이로부터 불법이 천하에 가득하리라

不下御床對如是
後日石兒吹無孔
自此佛法滿天下

* 제77조 전강 영신 전법선사 전함 / 제78대 농선 대원 전법선사 받음

이 오도송과 전법게는 농선 대원 선사님께서 법리에 맞도록 새롭게 번역한 것입니다.

불조정맥 제77조 대한불교 조계종 전강 대선사님께서는, 16세에 출가하여 23세 때 첫 깨달음을 얻고 25세에 인가를 받으셨다. 당대의 7대 선지식인 만공, 혜봉, 혜월, 한암, 금봉, 보월, 용성 선사님의 인가를 한 몸에 받으셨으며, 이 중 만공 선사님께 전법게를 받아 그 뒤를 이으셨다. 당대의 선지식들이 모두 극찬할 정도로 그 법이 뛰어나서 '지혜제일 정전강'이라 불렸다.

33세의 최연소의 나이로 통도사 조실을 하셨고, 법주사, 망월사, 동화사, 범어사, 천축사, 용주사, 정각사 등 유명선원 조실을 역임하시고 인천 용화사 법보선원의 조실로 일생을 마치셨다.

1975년 1월 13일, 용화사 법보선원의 천여 명 대중 앞에서 "어떤 것이 생사대사(生死大事)인고?" 자문한 후에 "악! 구구는 변성(飜成) 팔십일이니라."라고 법문한 뒤, 눈을 감고 좌탈입망하셨다.

다비를 하던 날, 화려한 불빛이 일고 정골에서 구슬 같은 사리가 무수히 나왔다. 열반하시기까지 한결같이 공안 법문으로 최상승법을 드날리셨으니 그 투철한 깨달음과 뛰어난 법, 널리 교화하기를 그치지 않으셨던 점에 있어서 한국 근대 선종의 거목이라 일컬어지고 있다.

불조정맥 제78대 농선 대원 전법선사님
- 전강대법회에서 법문 중 할을 하시는 모습

오로지 정법만을 깨닫기 서원합니다.

입을 열면 정법만을 설하기 서원합니다.

중생이 다하는 그날까지 교화하기 서원합니다.

- 농선 대원 전법선사의 3대 서원

불교 8대 선언문

불교는 자신에게서 영생을 발견하게 한 유일한 종교이다.

불교는 자신에게서 모든 지혜를 발견하게 한 유일한 종교이다.

불교는 자신에게서 모든 능력을 발견하게 한 유일한 종교이다.

불교는 자신에게서 모든 것을 이루게 한 유일한 종교이다.

불교는 자신에게서 극락을 발견하게 한 유일한 종교이다.

불교는 깨달으면 차별 없어 평등하다는 유일한 종교이다.

불교는 모든 억압 없이 자신감을 갖게 한 유일한 종교이다.

불교는 그러므로 온 누리에 영원할 만인의 종교이다.

- 농선 대원 전법선사 주창

전세계의 불교계에서 통일시켜야 할 일

경전의 말씀대로 32상과 80종호를 갖춘 불상으로 통일해야 한다.

예불 드리는 법을 통일해야 한다.

불공의식을 통일해야 한다.

- 농선 대원 전법선사 주창

2018년 이룬절 포천정맥선원 농선 대원 선사님의 법회

대방광불화엄경

大方廣佛華嚴經

제 40 권

십정품 ①

十定品

도서출판 문젠(구. 바로보인)은 정맥선원에서 운영하고 있습니다.

* 인제산(人濟山) 성불사(成佛寺) 국제정맥선원
  경기도 포천시 내촌면 소리개길 86-178 ☎ 031-531-8805 ☎ 010-6431-8805
* 인제산(人濟山) 이룬절 포천정맥선원
  경기도 포천시 내촌면 소리개길 86-123 ☎ 031-531-2433 ☎ 010-3880-8980
* 자모산(慈母山) 육조사(六祖寺) 청도정맥선원
  경북 청도군 매전면 동산리 산 50 ☎ 010-9800-6109
* 백양산(白楊山) 자모사(慈母寺) 부산정맥선원
  부산시 동래구 아시아드대로 114번길 10 대륙코리아나 2층 212호
  ☎ 051-503-6460 ☎ 010-2951-8667
* 광암산(光巖山) 성도사(成道寺) 광주정맥선원
  광주광역시 광산구 삼도광암길 34 ☎ 062-944-4088 ☎ 010-8670-1445
* 대통산(大通山) 대통사(大通寺) 해남정맥선원
  전남 해남군 화산면 송계길 132-98 중정마을 ☎ 061-536-6366 ☎ 010-8938-2438

바로보인 불법 38

화 엄 경 40권

초판 1쇄 펴낸날 단기 4352년, 불기 3046년, 서기 2019년 7월 20일

역   저 농선 대원 선사
펴 낸 곳 도서출판 문젠(Moonzen Press)
        11192,경기도 포천시 내촌면 소리개길 86-178
        전화 031-534-3373 팩스 031-533-3387
신 고 번 호 2010.11.24. 제2010-000004호

윤 문 교 정 증연 강영미
편집 전자책 제작 도향 하가연
표 지 그 림 현정(玄楨)
인   쇄 가람문화사

도서출판문젠 www.moonzenpress.com
정 맥 선 원 www.zenparadise.com
사막화방지국제연대(IUPD) www.iupd.org

ⓒ 문재현, 2019. Printed in Seoul, Republic of Korea
값 15,000원
ISBN 978-89-6870-040-8 04220
ISBN 978-89-6870-000-2 (전81권)

華嚴十無頌 화엄십무송

- 농선 대원 선사

無相法性常顯前
상이 없는 법성은 언제나 드러나 있고

無性諸法如谷響
성품이 없는 모든 법은 골짜기에 메아리 같도다

無外作處是自在
밖이 없이 짓는 곳을 이 자재라 하는 것이니

無非華嚴大道場
화엄 대도량 아님이 없음이로다

無窮無盡光神通
궁구할 수 없고 다함 없는 광명의 신통에서

無不出生三千界
삼천대천세계가 나오지 않음이 없도다

無碍相卽大自在
걸림이 없이 서로 즉한 대자재여

無爲之法是日常
함이 없는 법이 일상이로다

無有定法隨狀況
정한 법 없어 상황을 따름이여

無上無爲妙菩提
위 없고 함이 없는 묘보리로다

바로보인 불법 ㊳

화엄경(華嚴經) 40권

농선 대원 선사 역저

二十七 、십정품(十定品) ①

서　문

가없이 크고 넓어 광대함이여!
모양 없는 그 가운데 본래 갖춤
증득한 지혜인이라야 아네

남섬부주 일체의 나툼이여
본래의 갖춤에 비하자면
천만억분의 일도 안 된다네

이러-히 온통 온통함이여!
모두 갖춘 본연한 이 장엄을
'대방광불화엄'이라 하네

단기(檀紀) 4345년
불기(佛紀) 3039년

무등산인 농선 대원
(無等山人 弄禪 大圓)

차 례

일러두기

1. 화엄경 본문을 지나치게 세밀하게 나누어 긴 주해를 싣지 않은 것은 그로 해서 원문의 흐름이 끊어지게 되지 않을까 하는 우려에서이다. 이런 까닭에 다만 수없이 장고(長考)하며 최대한 원문에 충실하게 번역하고 각권의 마지막이나 각품의 마지막에만 결문(結文)을 더하였다. 화엄경 본문이 이치적으로 더할 나위 없이 샅샅이 화엄의 화장세계를 밝힌 것이라면 결문은 화엄경의 화장세계를 선(禪) 도리로 간략히 바로 끊어 보인 것이다. 이로써 경의 본뜻이 굴절 없이 전달되어 화엄의 세계가 독자의 세계가 되기를 바란다.

2. 요즈음 화엄경을 접한 이들이 최고의 경전이라 불리는 화엄경 첫머리부터 '신(神)'이라는 호칭으로 기록된 분들이 많은 것을 보고 의아하게 생각하는 경우가 있다. 화엄경의 첫머리인 세주묘엄품을 보면 이 '신(神)'이라는 호칭으로 기록된 분들이 불보살님의 화현이거나 보살마하살의 경지에서 행하는 분들임을 알 수 있다. 이런 까닭에 이 책에서는 '신(神)'을 '천제(天帝)'로 번역하였다. 예를 들면, '집금강신'은 '집금강천제'로 의역하였다. 천제는 그 세계를 다스리고 교화하는 분, 곧 깨달아 삼매와 지혜와 덕과 신통과 방편과 변재를 갖추어서 다스리고 교화하는 분을 말한다.

3. 미주는 *로 표시하였다.

4. 화엄경 본문에서 장문 뒤의 게송은 앞에 설한 내용의 뜻을 거듭 간략히 설한 것으로, 앞의 내용을 찾아 참고하여 읽으면 그 흐름을 더 잘 이해할 수 있다. 예를 들면, 화엄경 37권 69쪽의 두 번째 연은 43쪽의 열 가지 역순으로 모든 연기를 관하는 까닭을 축약해 놓은 것임을 알 수 있다.

二十七 십정품 ①

爾時 世尊 在摩竭提國阿蘭若法菩提場中 始成正覺 於普
光明殿 入刹那際諸佛三昧 以一切智自在神通力 現如來
身 清淨無礙 無所依止 無有攀緣 住奢摩他 最極寂靜 具
大威德 無所染着 能令見者 悉得開悟 隨宜出興 不失於
時 恒住一相 所謂無相 與十佛刹微塵數菩薩摩訶薩 俱
靡不皆入灌頂之位 具菩薩行 等於法界 無量無邊 獲諸菩
薩 普見三昧 大悲安隱一切衆生 神通自在 同於如來

세존께서 아란야법보리도량에서 정각을 이루어 보광명전에서 찰나제제불삼매에 들고 열 부처님 세계 가는 티끌 수 만큼의 보살들과 함께 계셨다

이때 세존께서 마갈제국 아란야법보리도량 가운데 계시면서 비로소 정각을 이루어 보광명전에서 찰나제제불삼매에 드셨다.

일체 지혜의 자재한 위신력으로써 나타낸 여래의 몸은 청정하여 걸림이 없고, 의지한 바가 없으며, 반연함이 없고, 사마타(奢摩他)*에 머물러 더없이 매우 적정하며, 큰 위덕을 갖추어서 물들고 집착한 바가 없고, 보는 이로 하여금 모두 깨달음을 얻게 하며, 마땅함을 따라 때를 놓치지 않고 출현하여, 이른바 상이 없는 온통인 상에 항상 머무르셨다.

열 부처님세계 가는 티끌 수 만큼의 보살마하살과 함께 계셨으니, 모두 관정의 지위에 들어가지 않음이 없고, 보살의 행을 갖춤이 법계와 같아서 한량없고 끝없으며, 모든 보살의 널리 보는 삼매를 얻어서 대비로 일체 중생을 편안하게 하고, 신통을 자재함이 여래와 같으며,

智慧深入 演眞實義 具一切智 降伏衆魔 雖入世間 心恒
寂靜 住於菩薩 無住解脫 其名曰金剛慧菩薩 無等慧菩
薩 義語慧菩薩 最勝慧菩薩 常捨慧菩薩 那伽慧菩薩 成
就慧菩薩 調順慧菩薩 大力慧菩薩 難思慧菩薩 無礙慧菩
薩 增上慧菩薩 普供慧菩薩 如理慧菩薩 善巧慧菩薩 法
自在慧菩薩 法慧菩薩 寂靜慧菩薩 虛空慧菩薩 一相慧菩
薩 善慧菩薩 如幻慧菩薩 廣大慧菩薩 勢力慧菩薩 世間
慧菩薩 佛地慧菩薩 眞實慧菩薩 尊勝慧菩薩 智光慧菩
薩 無邊慧菩薩 念莊嚴菩薩 達空際菩薩 性莊嚴菩薩 甚
深境菩薩 善解處非處菩薩 大光明菩薩 常光明菩薩 了佛
種菩薩 心王菩薩 一行菩薩 常現神通菩薩 智慧芽菩薩
功德處菩薩 法燈菩薩 照世菩薩 持世菩薩 最安隱菩薩
最上菩薩 無上菩薩 無比菩薩 超倫菩薩 無礙行菩薩

지혜에 깊이 들어가 참답고 실다운 뜻을 널리 펴고, 일체 지혜를 갖추어 온갖 마군을 항복 받으며, 비록 세간에 들어가나 마음이 항상 적정하여 보살의 머무름 없는 해탈에 머물렀다.

그 이름은 금강혜보살, 무등혜보살, 의어혜보살, 최승혜보살, 상사혜보살, 나가혜보살, 성취혜보살, 조순혜보살, 대력혜보살, 난사혜보살, 무애혜보살, 증상혜보살, 보공혜보살, 여리혜보살, 선교혜보살, 법자재혜보살, 법혜보살, 적정혜보살, 허공혜보살, 일상혜보살, 선혜보살, 여환혜보살, 광대혜보살, 세력혜보살, 세간혜보살, 불지혜보살, 진실혜보살, 존승혜보살, 지광혜보살, 무변혜보살, 염장엄보살, 달공제보살, 성장엄보살, 심심경보살, 선해처비처보살, 대광명보살, 상광명보살, 요불종보살, 심왕보살, 일행보살, 상현신통보살, 지혜아보살, 공덕처보살, 법등보살, 조세보살, 지세보살, 최안은보살, 최상보살, 무상보살, 무비보살, 초륜보살, 무애행보살,

光明焰菩薩 月光菩薩 一塵菩薩 堅固行菩薩 霆法雨菩
薩 最勝幢菩薩 普莊嚴菩薩 智眼菩薩 法眼菩薩 慧雲菩
薩 總持王菩薩 無住願菩薩 智藏菩薩 心王菩薩 內覺慧
菩薩 住佛智菩薩 陀羅尼勇健力菩薩 持地力菩薩 妙月菩
薩 須彌頂菩薩 寶頂菩薩 普光照菩薩 威德王菩薩 智慧
輪菩薩 大威德菩薩 大龍相菩薩 質直行菩薩 不退轉菩
薩 持法幢菩薩 無忘失菩薩 攝諸趣菩薩 不思議決定慧
菩薩 遊戲無邊智菩薩 無盡妙法藏菩薩 智日菩薩 法日菩
薩 智藏菩薩 智澤菩薩 普見菩薩 不空見菩薩 金剛通菩
薩 金剛智菩薩 金剛焰菩薩 金剛慧菩薩 普眼菩薩 佛日菩
薩 持佛金剛祕密義菩薩 普眼境界智莊嚴菩薩 如是等菩
薩摩訶薩 十佛刹微塵數 往昔 皆與毘盧遮那如來 同修菩
薩諸善根行

광명염보살, 월광보살, 일진보살, 견고행보살, 주법우보살, 최승당보살, 보장엄보살, 지안보살, 법안보살, 혜운보살, 총지왕보살, 무주원보살, 지장보살, 심왕보살, 내각혜보살, 주불지보살, 다라니용건력보살, 지지력보살, 묘월보살, 수미정보살, 보정보살, 보광조보살, 위덕왕보살, 지혜륜보살, 대위덕보살, 대용상보살, 질직행보살, 불퇴전보살, 지법당보살, 무망실보살, 섭제취보살, 부사의결정혜보살, 유희무변지보살, 무진묘법장보살, 지일보살, 법일보살, 지장보살, 지택보살, 보견보살, 불공견보살, 금강통보살, 금강지보살, 금강염보살, 금강혜보살, 보안보살, 불일보살, 지불금강비밀의보살, 보안경계지장엄보살이다.

이와 같은 등의 보살마하살이 열 부처님세계 가는 티끌 수 만큼이니, 오랜 옛적에 다 비로자나 여래와 함께 보살의 모든 선근의 행을 같이 닦았다.

爾時 普眼菩薩摩訶薩 承佛神力 從座而起 偏袒右肩 右
膝着地 合掌白佛言 世尊 我於如來應正等覺 欲有所問
願垂哀許 佛言 普眼 恣汝所問 當爲汝說 令汝心喜 普眼
菩薩 言 世尊 普賢菩薩 及住普賢所有行願諸菩薩衆 成
就幾何三昧解脫 而於菩薩諸大三昧 或入或出 或時安住
以於菩薩不可思議廣大三昧 善入出故 能於一切三昧 自
在 神通變化 無有休息

보안보살이 자리에서 일어나 부처님께 보현보살과
모든 보살의 큰 삼매에 대하여 법을 청하였다

이때 보안보살마하살이 부처님의 위신력을 받아서 자
리에서 일어나 오른쪽 어깨를 드러내고 오른쪽 무릎을 땅
에 대고서 합장하여 부처님께 말하였다.

"세존이시여, 제가 여래 · 응공 · 정등각께 여쭈고자 하
오니 원하건대 불쌍히 여기시어 허락하여 주소서."

부처님께서 말씀하셨다.

"보안이여, 그대가 물을 바를 마음대로 묻도록 하여라.
그대를 위해 설하여 그대로 하여금 마음이 기쁘게 하리
라."

보안보살이 말하였다.

"세존이시여, 보현보살과 보현보살의 모든 서원행에 머문
모든 보살 대중이 삼매와 해탈을 어느 정도 성취하였기에
보살이 모든 큰 삼매에 혹은 들어가기도 하고 혹은 나오기
도 하며 혹은 편안히 머물기도 합니까? 보살이 불가사의하
고 광대한 삼매에 잘 들어가고 나오는 까닭으로 일체 삼
매에 자재한 신통변화가 쉼이 없는 것입니까?"

佛言 善哉 普眼 汝爲利益去來現在諸菩薩衆 而問斯義
普眼 普賢菩薩 今現在此 已能成就不可思議自在神通 出
過一切諸菩薩上 難可値遇 從於無量菩薩行生 菩薩大願
悉已淸淨 所行之行 皆無退轉 無量波羅蜜門 無礙陀羅尼
門 無盡辯才門 皆悉已得 淸淨無礙 大悲利益一切衆生
以本願力 盡未來際 而無厭倦 汝應請彼 彼當爲汝 說其
三昧自在解脫

부처님께서 모든 보살들에게 직접 보현보살에게 물을 것을 권하며 보현보살의 공덕을 설명하시니 보현보살이 해탈과 신통의 힘으로 형상을 나타내다

부처님께서 말씀하셨다.

"착하도다. 보안이여. 그대가 과거와 미래와 현재의 모든 보살 대중을 이익 되게 하기 위하여 이런 뜻을 묻는구나.

보안이여, 보현보살이 지금 이곳에 나타나 있지만 이미 불가사의하고 자재한 신통을 성취하여서 일체 모든 보살의 위를 지나니 만나기 어렵고, 한량없는 보살의 행으로부터 나왔으며, 보살의 대원을 모두 이미 청정하게 하였고, 행하는 바 행이 모두 물러남이 없으며, 한량없는 바라밀문과 걸림 없는 다라니문과 다함 없는 변재문을 모두 이미 얻어서 청정하여 걸림이 없고, 대비로 일체 중생을 이익 되게 하되 본래의 원력으로 미래제가 다하도록 싫어하거나 게으름이 없느니라.

그대는 마땅히 그에게 청하라. 그가 그대를 위하여 그 삼매의 자재한 해탈을 설하리라."

爾時會中 諸菩薩衆 聞普賢名 卽時獲得不可思議無量三
昧 其心無礙 寂然不動 智慧廣大 難可測量 境界甚深 無
能與等 現前悉見無數諸佛 得如來力 同如來性 去來現
在 靡不明照 所有福德 不可窮盡 一切神通 皆已具足 其
諸菩薩 於普賢所 心生尊重 渴仰欲見 悉於衆會 周徧觀
察 而竟不睹 亦不見其所坐之座

이때 모임 가운데 모든 보살 대중이 보현의 이름을 듣고 곧바로 불가사의하고 한량없는 삼매를 얻으니, 그 마음이 걸림 없이 고요하여 동요되지 않고, 지혜가 광대하여 헤아릴 수 없으며, 경계가 매우 깊어서 더불어 견줄 수가 없었다.

  목전에 나타난 셀 수 없는 모든 부처님을 다 친견하고, 여래의 힘을 얻어 여래의 성품과 동일하며, 과거·미래·현재를 밝게 비추지 않음이 없고, 모든 복덕이 다함이 없으며, 일체 신통을 이미 다 구족하였다.

  그 모든 보살이 보현보살에게 존중하는 마음을 내어 몹시 사모하여서 보고자 하여 모인 대중을 두루 관찰하였지만 끝내 볼 수 없었고 또한 그 앉은 자리도 볼 수 없었다.

此由如來威力所持 亦是普賢 神通自在 使其然耳 爾時 普
眼菩薩 白佛言 世尊 普賢菩薩 今何所在 佛言 普眼 普賢
菩薩 今現在此道場衆會 親近我住 初無動移 是時 普眼
及諸菩薩 復更觀察道場衆會 周徧求覓 白佛言 世尊 我
等 今者 猶未得見普賢菩薩 其身及座

이것은 여래의 위신력을 지닌 바로 말미암은 것이고 또한 보현의 신통이 자재하여서 그러할 뿐이었다.

이때 보안보살이 부처님께 말하였다.

"세존이시여, 보현보살이 지금 어느 곳에 있습니까?"

부처님께서 말씀하셨다.

"보안이여, 보현보살은 지금 이 도량의 대중모임에 있으면서 내 가까이 머물러 처음부터 움직여 옮긴 적이 없느니라."

이때 보안보살과 모든 보살이 다시 도량에 모인 대중을 관찰하여 두루 찾아보고 부처님께 말하였다.

"세존이시여, 저희들은 지금도 마찬가지로 보현보살의 그 몸과 자리를 보지 못하였습니다."

佛言 如是 善男子 汝等 何故 而不得見 善男子 普賢菩
薩 住處甚深 不可說故 普賢菩薩 獲無邊智慧門 入獅子
奮迅定 得無上自在用 入淸淨無礙際 生如來十種力 以法
界藏爲身 一切如來 共所護念 於一念頃 悉能證入三世
諸佛 無差別智 是故汝等 不能見耳 爾時 普眼菩薩 聞如
來 說普賢菩薩 淸淨功德 得十千阿僧祇三昧 以三昧力
復徧觀察 渴仰欲見普賢菩薩 亦不能睹 其餘一切諸菩薩
衆 俱亦不見

부처님께서 말씀하셨다.

"그러하도다. 선남자여, 그대들이 무슨 까닭으로 보지 못하겠는가? 선남자여, 보현보살이 머무르는 곳은 매우 깊어서 설할 수 없는 까닭이니라.

보현보살이 끝없는 지혜문을 얻어서 사자분신삼매〔獅子奮迅定〕*에 들어갔고, 위 없이 자재한 씀을 얻어서 청정하고 걸림 없는 경계에 들어갔으며, 여래의 십력을 내어 법계의 보배장을 몸으로 삼았으며, 일체 여래께서 함께 호념하시는 바이고, 온통인 생각으로 삼세 모든 부처님의 차별없는 지혜를 깨달아 얻었으니, 이러한 까닭으로 그대들이 보지 못할 뿐이니라."

이때 보안보살이 여래께서 보현보살의 청정한 공덕을 설하심을 듣고 일만 아승기 수의 삼매를 얻어서, 삼매의 힘으로 다시 두루 관찰하고 몹시 사모하여 보현보살을 보고자 하여도 또한 보지 못하였고 그 나머지 일체 모든 보살 대중도 모두 또한 보지 못하였다.

時 普眼菩薩 從三昧起 白佛言 世尊 我已入十千阿僧祇
三昧 求見普賢 而竟不得 不見其身及身業 語及語業 意及
意業 座及住處 悉皆不見 佛言 如是如是 善男子 當知 皆
以普賢菩薩 住不思議解脫之力 普眼 於汝意云何 頗有人
能說幻術文字中 種種幻相 所住處不 答言 不也

이때 보안보살이 삼매에서 일어나 부처님께 말하였다.

"세존이시여, 제가 이미 일만 아승기 수의 삼매에 들어가서 보현보살을 보고자 하였으나 끝내 보지 못하였고, 그 몸과 몸의 업과 말과 말의 업과 뜻과 뜻의 업을 보지 못하였으며, 자리와 머무르는 곳을 모두 다 보지 못하였습니다."

부처님께서 말씀하셨다.

"그러하고 그러하니라. 선남자여, 마땅히 알라. 모두 보현보살의 부사의한 해탈에 머무르는 힘 때문이니라.

보안이여, 그대의 뜻은 어떠한가? 어떤 이가 요술의 문자 가운데 갖가지 요술의 모양이 머무르는 곳을 말할 수 있겠는가?"

대답하여 말하였다.

"없습니다."

佛言 普眼 幻中幻相 尙不可說 何況普賢菩薩 祕密身境
界 祕密語境界 祕密意境界 而於其中 能入能見 何以故
普賢菩薩 境界甚深 不可思議 無有量已過量 擧要言之
普賢菩薩 以金剛慧 普入法界 於一切世界 無所行無所住
知一切衆生身 皆卽非身 無去無來 得無斷盡 無差別 自
在神通 無依無作 無有動轉 至於法界究竟邊際

부처님께서 말씀하셨다.

"보안이여, 요술 가운데 요술의 모양도 더욱이 말할 수 없거늘 하물며 보현보살의 비밀한 몸의 경계와 비밀한 말의 경계와 비밀한 뜻의 경계 그 가운데 어떻게 들어갈 수 있고 볼 수 있겠는가? 무슨 까닭이겠는가? 보현보살의 매우 깊은 경계는 불가사의하고 헤아릴 수 없으며 이미 양을 초월했기 때문이니라.

요컨대 보현보살은 금강의 지혜로 널리 법계에 들어가되, 일체 세계에 간 바도 없고 머문 바도 없으며, 일체 중생의 몸이 모두 곧 몸이 아님을 알고, 가는 것도 없고 오는 것도 없으며, 끊어져 다함이 없음과 차별이 없음을 얻으며, 신통을 자재하여 의지함도 없고 지음도 없으며, 움직여 옮겨감도 없이 법계의 구경의 끝까지 이르렀느니라.

善男子 若有得見普賢菩薩 若得承事 若得聞名 若有思惟
若有憶念 若生信解 若勤觀察 若始趣向 若正求覓 若興
誓願 相續不絶 皆獲利益 無空過者 爾時 普眼 及一切菩
薩衆 於普賢菩薩 心生渴仰 願得瞻覲 作如是言 南無一
切諸佛 南無普賢菩薩 如是三稱 頭頂禮敬 爾時 佛 告普
眼菩薩 及諸衆會言 諸佛子 汝等 宜更禮敬普賢 慇懃求
請 又應專至觀察十方 想普賢身 現在其前

선남자여, 만약 어떤 이가 보현보살을 친견하고, 받들어 섬기며, 이름을 듣고, 사유하며, 마음 깊이 지녀 잊지 않고, 믿는 지혜를 내며, 부지런히 관찰하고, 비로소 향하여 나아가며, 바르게 찾아 구하고, 서원을 일으켜 끊이지 않고 계속하면 모두 이익을 얻어서 헛되이 지내지 않느니라.”

이때 보안보살과 일체 보살 대중이 보현보살에게 몹시 사모하는 마음을 내어서 보기를 원하여 이와 같이 말하였다.

“일체 모든 부처님께 귀의하며, 보현보살님에게 귀의합니다.”

이와 같이 세 번 말하고 머리로 정례하였다.

이때 부처님께서 보안보살과 모든 모임의 대중에게 말씀하셨다.

“모든 불자여, 그대들은 다시 보현에게 공경히 예하고 은근히 구하여 청하라. 또 오롯이 지극함으로 시방을 관찰하되 보현의 몸이 그 앞에 나타나 있음을 생각하라.

如是思惟 周徧法界 深心信解 厭離一切 誓與普賢 同一
行願 入於不二眞實之法 其身 普現一切世間 悉知衆生
諸根差別 徧一切處 集普賢道 若能發起如是大願 則當得
見普賢菩薩 是時 普眼 聞佛此語 與諸菩薩 俱時頂禮 求
請得見普賢菩薩

이와 같이 사유하되 법계에 두루 가득히 하여서 깊은 마음으로 믿어 알아 일체 싫어함을 여의고, 보현과 더불어 서원행이 같기를 맹세하여 둘이 아닌 참답고 실다운 법에 들어가며, 그 몸을 일체 세간에 두루 나타내어 중생의 모든 근기의 차별을 다 알고, 일체의 곳에 두루 하여 보현의 도를 모으도록 하라.

만약 이와 같은 대원을 발하면 곧 보현보살을 보게 되리라."

이때 보안보살이 부처님의 이 말씀을 듣고 모든 보살과 더불어 동시에 정례하고 보현보살을 보기를 구하여 청하였다.

爾時 普賢菩薩 卽以解脫神通之力 如其所應 爲現色身
令彼一切諸菩薩衆 皆見普賢 親近如來 於此一切菩薩衆
中 坐蓮華座 亦見於餘一切世界一切佛所 從彼次第相續
而來 亦見在彼一切佛所 演說一切諸菩薩行 開示一切智
智之道 闡明一切菩薩神通 分別一切菩薩威德 示現一切
三世諸佛 是時 普眼菩薩 及一切菩薩衆 見此神變 其心
踊躍 生大歡喜 莫不頂禮普賢菩薩 心生尊重 如見十方一
切諸佛

부처님께서 보현보살에게 열 가지 큰 삼매에 대해서 설법하기를 당부하시고 보현보살이 부처님의 위신력을 받아서 열 가지 큰 삼매를 설하다

이때 보현보살이 곧 해탈과 신통의 힘으로 그 응하는 바대로 색신을 나타내어서 저 일체 모든 보살 대중으로 하여금 보현보살이 여래 가까이 있으면서 이 일체 보살 대중 가운데 연화좌에 앉아 있는 것을 모두 보게 하고, 또 다른 일체 세계의 일체 부처님 처소에서 차례대로 계속해서 오는 것을 보게 하며, 또 저 일체 부처님 처소에서 일체 모든 보살의 행을 널리 펴 설하고 일체지의 지혜의 도를 열어 보이며 일체 보살의 신통을 밝게 밝히고 일체 보살의 위덕을 분별하며 일체 삼세의 모든 부처님을 나타내 보이는 것을 보게 하였다.

이때 보안보살과 일체 보살 대중이 이 신통변화를 보고 그 마음에 뛸 듯이 큰 환희함을 내어 보현보살에게 정례하지 않음이 없고 존중하는 마음을 내어 마치 시방의 일체 모든 부처님을 친견하는 것과 같이 하였다.

是時 以佛大威神力 及諸菩薩信解之力 普賢菩薩本願力
故 自然而雨十千種雲 所謂種種華雲 種種鬘雲 種種香
雲 種種末香雲 種種蓋雲 種種衣雲 種種嚴具雲 種種珍
寶雲 種種燒香雲 種種繒綵雲 不可說世界 六種震動 奏
天音樂 其聲 遠聞 不可說世界 放大光明 其光 普照不可
說世界 令三惡趣 悉得除滅 嚴淨不可說世界 令不可說菩
薩 入普賢行 不可說菩薩 成普賢行 不可說菩薩 於普賢行
願 悉得圓滿 成阿耨多羅三藐三菩提

이때 부처님의 큰 위신력과 모든 보살의 믿어 아는 힘과 보현보살의 본래의 원력으로 일만 가지의 구름을 저절로 비 내리듯 하니, 갖가지 꽃 구름과 갖가지 화만 구름과 갖가지 향 구름과 갖가지 가루향 구름과 갖가지 일산 구름과 갖가지 옷 구름과 갖가지 장엄구 구름과 갖가지 진귀한 보배 구름과 갖가지 태우는 향 구름과 갖가지 비단 구름이었다.

　불가설 수의 세계가 육종진동하고, 천상의 음악을 연주하니 그 소리가 불가설 수의 세계까지 멀리 들리며, 큰 광명을 놓으니 그 광명이 불가설 수의 세계까지 두루 비추고, 삼악취를 모두 멸하게 하여 불가설 수의 세계를 깨끗이 장엄하며, 불가설 수의 보살들로 하여금 보현의 행에 들어가게 하여 불가설 수의 보살들이 보현의 행을 이루고, 불가설 수의 보살들이 보현의 서원행을 다 원만하게 하여 아뇩다라삼먁삼보리를 이루었다.

爾時 普眼菩薩 白佛言 世尊 普賢菩薩 是住大威德者 住
無等者 住無過者 住不退者 住平等者 住不壞者 住一切
差別法者 住一切無差別法者 住一切衆生善巧心所住者
住一切法自在解脫三昧者 佛言 如是如是 普眼 如汝所說
普賢菩薩 有阿僧祇清淨功德 所謂無等莊嚴功德 無量寶
功德 不思議海功德 無量相功德 無邊雲功德 無邊際不可
稱讚功德 無盡法功德 不可說功德 一切佛功德 稱揚讚
歎不可盡功德

이때 보안보살이 부처님께 말하였다.

"세존이시여, 보현보살은 큰 위덕에 머무르는 이고, 견줄 이 없음에 머무르는 이며, 능가할 이 없음에 머무르는 이고, 물러남이 없음에 머무르는 이며, 평등함에 머무르는 이고, 무너지지 않음에 머무르는 이며, 일체 차별된 법에 머무르는 이고, 일체 차별이 없는 법에 머무르는 이며, 일체 중생의 공교로운 마음이 머무르는 바에 머무르는 이고, 일체 법에 자재한 해탈 삼매에 머무르는 이입니다."

부처님께서 말씀하셨다.

"그러하고 그러하니라. 보안이여, 그대가 설한 바와 같이 보현보살은 아승기 수의 청정한 공덕이 있으니, 더할 수 없는 장엄 공덕과 한량없는 보배 공덕과 부사의한 바다 공덕과 한량없는 상의 공덕과 끝없는 구름 공덕과 칭찬할 수 없이 끝없는 공덕과 다함이 없는 법의 공덕과 말할 수 없는 공덕과 일체 부처님의 공덕과 다할 수 없는 칭찬과 찬탄의 공덕이니라."

爾時 如來 告普賢菩薩言 普賢 汝應爲普眼 及此會中諸
菩薩衆 說十大三昧 令得善入 成滿普賢 所有行願 諸菩
薩摩訶薩 說此十大三昧故 令過去菩薩 已得出離 現在菩
薩 今得出離 未來菩薩 當得出離 何者 爲十 一者 普光大
三昧 二者 妙光大三昧 三者 次第徧往諸佛國土大三昧
四者 淸淨深心行大三昧 五者 知過去莊嚴藏大三昧 六
者 智光明藏大三昧 七者 了知一切世界佛莊嚴大三昧 八
者 衆生差別身大三昧

이때 여래께서 보현보살에게 말씀하셨다.

"보현보살이여, 그대는 보안보살과 이 모임 가운데 모든 보살 대중을 위하여 열 가지 큰 삼매를 설하여서 잘 들어가게 하고, 보현보살의 모든 서원행을 원만히 이루게 하여라.

모든 보살마하살이 이 열 가지 큰 삼매를 설하는 까닭으로 과거의 보살들로 하여금 이미 벗어나게 했고, 현재의 보살들로 하여금 지금 벗어나게 하며, 미래의 보살들로 하여금 앞으로 벗어나게 할 것이니라.

어떤 것을 열 가지라 하는가? 첫째는 넓은 광명 큰 삼매이고, 둘째는 묘한 광명 큰 삼매이며, 셋째는 모든 불국토에 차례로 두루 가는 큰 삼매이고, 넷째는 청정하고 깊은 마음으로 행하는 큰 삼매이며, 다섯째는 과거의 장엄 보배장을 아는 큰 삼매이고, 여섯째는 지혜 광명의 보배장 큰 삼매이며, 일곱째는 일체 세계 부처님의 장엄을 밝게 아는 큰 삼매이고, 여덟째는 중생의 차별된 몸의 큰 삼매이며,

九者 法界自在大三昧 十者 無礙輪大三昧 此十大三昧
諸大菩薩 乃能善入 去來現在一切諸佛 已說當說現說 若
諸菩薩 愛樂尊重 修習不懈 則得成就 如是之人 則名爲
佛 則名如來 亦則名爲得十力人 亦名導師 亦名大導師
亦名一切智 亦名一切見 亦名住無礙 亦名達諸境 亦名一
切法自在

아홉째는 법계에 자재하는 큰 삼매이고, 열째는 걸림 없이 굴리는 큰 삼매이니라.

이 열 가지 큰 삼매에 모든 큰 보살이 잘 들어가니, 과거와 미래와 현재의 일체 모든 부처님께서 이미 설하셨고, 앞으로 설하실 것이며, 지금도 설하시느니라.

만약 모든 보살이 좋아하고 즐거워하며 존중하여 닦아 익히고 게으르지 않으면 곧 성취하게 되리니, 이와 같은 사람을 곧 부처라 이름하고, 여래라 이름하며, 또한 십력을 얻은 이라 이름하고, 또한 도사라 이름하며, 또한 큰 도사라 이름하고, 또한 일체 지혜라 이름하며, 또한 일체를 봄이라 이름하고, 또한 걸림 없음에 머무름이라 이름하며, 또한 모든 경계를 통달함이라 이름하고, 또한 일체 법에 자재함이라 이름하느니라.

此菩薩　普入一切世界　而於世界　無所着　普入一切衆生界
而於衆生　無所取　普入一切身　而於身　無所礙　普入一切法
界　而知法界無有邊　親近三世一切佛　明見一切諸佛法　巧
說一切文字　了達一切假名　成就一切菩薩淸淨道　安住一
切菩薩差別行　於一念中　普得一切三世智　普知一切三世
法　普說一切諸佛敎　普轉一切不退輪　於去來現在一一世
普證一切菩提道　於此一一菩提中　普了一切佛所說

이 보살이 일체 세계에 두루 들어가되 세계에 집착하는 바가 없고, 일체 중생 세계에 두루 들어가되 중생에게서 취하는 바가 없으며, 일체의 몸에 두루 들어가되 몸에 걸리는 바가 없고, 일체 법계에 두루 들어가되 법계가 끝이 없음을 아느니라.

삼세의 일체 부처님을 친근히 하고, 일체 모든 불법을 밝게 보며, 일체 문자를 공교롭게 설하고, 일체 거짓 이름을 밝게 통달하며, 일체 보살의 청정한 도를 성취하고, 일체 보살의 차별된 행에 편안히 머무르느니라.

온통인 생각 가운데 일체 삼세의 지혜를 두루 얻고, 일체 삼세의 법을 두루 알며, 일체 모든 부처님의 가르침을 널리 설하고, 일체 물러남이 없는 바퀴를 널리 굴리며, 과거와 미래와 현재의 낱낱 세계에서 일체 보리의 도를 두루 증득하고, 이 낱낱 보리 가운데 일체 부처님께서 설하신 바를 두루 아느니라.

此是諸菩薩法相門 是諸菩薩智覺門 是一切種智無勝幢
門 是普賢菩薩諸行願門 是猛利神通誓願門 是一切總持
辯才門 是三世諸法差別門 是一切諸佛示現門 是以薩婆
若 安立一切衆生門 是以佛神力 嚴淨一切世界門 若菩薩
入此三昧 得法界力 無有窮盡 得虛空行 無有障礙 得法
王位 無量自在 譬如世間 灌頂受職

이것은 이 모든 보살의 법상(法相)의 문이고, 이것은 모든 보살의 지혜로 깨닫는 문이며, 이것은 일체종지의 더 뛰어날 것이 없는 당기문이고, 이것은 보현보살의 모든 서원행의 문이며, 이것은 용맹한 신통과 서원의 문이고, 이것은 일체 다라니의 변재문이며, 이것은 삼세 모든 법의 차별문이고, 이것은 일체 모든 부처님께서 나타내 보이는 문이며, 이것은 살바야로써 일체 중생을 안립하는 문이고, 이것은 부처님의 위신력으로 일체 세계를 청정하게 장엄하는 문이니라.

　만약 보살이 이 삼매에 들어가면 법계의 힘을 얻어서 다함이 없고, 허공의 행을 얻어서 걸림이 없으며, 법왕*의 지위를 얻어서 한량없이 자재함은 비유하면 세간에서 관정의 직위를 받는 것과 같으니라.

得無邊智　一切通達　得廣大力　十種圓滿　成無諍心　入寂
滅際　大悲無畏　猶如獅子　爲智慧丈夫　然正法明燈　一切
功德　歎不可盡　聲聞獨覺　莫能思議　得法界智　住無動際
而能隨俗　種種開演　住於無相　善入法相　得自性淸淨藏
生如來淸淨家　善開種種差別法門　而以智慧　了無所有　善
知於時　常行法施　開悟一切　名爲智者　普攝衆生　悉令淸
淨　以方便智　示成佛道　而常修行菩薩之行　無有斷盡　入
一切智方便境界　示現種種廣大神通

끝없는 지혜를 얻어서 일체를 통달하고, 광대한 힘을
얻어서 열 가지가 원만하며, 다툼이 없는 마음을 이루어
서 적멸한 경계에 들어가고, 대비로 두려움 없음이 마치
사자와 같으니, 지혜의 장부가 되어 정법의 밝은 등을
밝히고, 일체 공덕을 찬탄함이 다할 수 없어 성문과 독
각으로는 사의하지 못하며, 법계의 지혜를 얻어 움직임
이 없는 경계에 머무르되 세속을 따라 갖가지로 열어 널
리 펴고, 상이 없음에 머무르되 법상에 잘 들어가며, 자
성의 청정한 보배장을 얻어 여래의 청정한 가문에 나고,
갖가지 차별된 법문을 잘 열되 지혜로써 있는 바가 없음
을 알며, 때를 잘 알아서 항상 법보시를 행하여 일체를
깨닫게 하여서 지혜로운 이라 이름하고, 널리 중생들을
거두어 다 청정하게 하며, 방편의 지혜로써 불도를 이룸
을 보이되 항상 보살의 행을 닦아 행함이 끊어짐이 없
고, 일체 지혜와 방편의 경계에 들어가서 갖가지 광대한
신통을 나타내 보이느니라.

是故普賢 汝今應當分別廣說一切菩薩 十大三昧 今此衆
會 咸皆願聞

이런 까닭으로 보현이여, 그대는 이제 일체 보살의 열 가지 큰 삼매를 분별하여 널리 설하라.

지금 이 모임의 대중이 다 듣기를 원하느니라."

爾時 普賢菩薩 承如來旨 觀普眼等諸菩薩衆 而告之言 佛
子 云何爲菩薩摩訶薩 普光明三昧 佛子 此菩薩摩訶薩
有十種無盡法 何者 爲十 所謂諸佛出現智無盡 衆生變化
智無盡 世界如影智無盡 深入法界智無盡 善攝菩薩智無
盡 菩薩不退智無盡 善觀一切法義智無盡 善持心力智無
盡 住廣大菩提心智無盡 住一切佛法一切智願力智無盡
佛子 是名菩薩摩訶薩 十種無盡法

1) 넓은 광명 큰 삼매 [普光大三昧]

이때 보현보살이 여래의 뜻을 받아서 보안보살 등 모든 보살 대중을 관하고 말하였다.

"불자들이여, 어떤 것을 보살마하살의 넓은 광명 삼매라 합니까?

불자들이여, 이 보살마하살은 열 가지 다함이 없는 법이 있으니, 어떤 것을 열 가지라 합니까?

모든 부처님의 출현하시는 지혜가 다함이 없고, 중생의 변화하는 지혜가 다함이 없으며, 그림자와 같은 세계의 지혜가 다함이 없고, 법계에 깊이 들어가는 지혜가 다함이 없으며, 보살의 잘 거두는 지혜가 다함이 없고, 보살의 물러나지 않는 지혜가 다함이 없으며, 일체 법의 뜻을 잘 관하는 지혜가 다함이 없고, 마음의 힘을 잘 지니는 지혜가 다함이 없으며, 광대한 보리심에 머무르는 지혜가 다함이 없고, 일체 불법과 일체 지혜와 원력에 머무르는 지혜가 다함이 없습니다.

불자들이여, 이것을 보살마하살의 열 가지 다함이 없는 법이라 이름합니다.

佛子 此菩薩摩訶薩 發十種無邊心 何等 爲十 所謂發度
脫一切衆生無邊心 發承事一切諸佛無邊心 發供養一切
諸佛無邊心 發普見一切諸佛無邊心 發受持一切佛法不
忘失無邊心 發示現一切佛無量神變無邊心 發爲得佛力
故 不捨一切菩提行無邊心 發普入一切智微細境界 說一
切佛法無邊心 發普入佛不思議廣大境界無邊心

불자들이여, 이 보살마하살이 열 가지 끝없는 마음을 발하니, 어떤 것을 열 가지라 합니까?

　일체 중생을 제도하여 해탈하게 하려는 끝없는 마음을 발하고, 일체 모든 부처님을 받들어 모시려는 끝없는 마음을 발하며, 일체 모든 부처님께 공양 올리려는 끝없는 마음을 발하고, 일체 모든 부처님을 두루 친견하려는 끝없는 마음을 발하며, 일체 불법을 받아 지녀 잃어버리지 않으려는 끝없는 마음을 발하고, 일체 부처님의 한량없는 신통변화를 나타내 보이려는 끝없는 마음을 발하며, 부처님의 힘을 얻은 까닭으로 일체 보리의 행을 버리지 않으려는 끝없는 마음을 발하고, 일체 지혜의 미세한 경계에 두루 들어가 일체 불법을 설하려는 끝없는 마음을 발하며, 부처님의 부사의하고 광대한 경계에 두루 들어가려는 끝없는 마음을 발하고,

發於佛辯才 起深志樂 領受諸佛法無邊心 發示現種種自
在身 入一切如來道場衆會無邊心 是爲十 佛子 此菩薩摩
訶薩 有十種入三昧差別智 何者 爲十 所謂東方入定西方
起 西方入定東方起 南方入定北方起 北方入定南方起 東
北方入定西南方起 西南方入定東北方起 西北方入定東南
方起 東南方入定西北方起 下方入定上方起 上方入定下
方起 是爲十

부처님의 변재에 깊은 뜻의 즐거움을 일으켜 모든 불법을 받으려는 끝없는 마음을 발하며, 갖가지 자재한 몸을 나타내 보여 일체 여래 도량의 대중 모임에 들어가려는 끝없는 마음을 발하니, 이것을 열 가지라 합니다.

불자들이여, 이 보살마하살이 삼매에 들어가는 차별된 열 가지 지혜가 있으니, 어떤 것을 열 가지라 합니까?

동쪽에서 선정에 들어 서쪽에서 일어나고, 서쪽에서 선정에 들어 동쪽에서 일어나며, 남쪽에서 선정에 들어 북쪽에서 일어나고, 북쪽에서 선정에 들어 남쪽에서 일어나며, 동북쪽에서 선정에 들어 서남쪽에서 일어나고, 서남쪽에서 선정에 들어 동북쪽에서 일어나며, 서북쪽에서 선정에 들어 동남쪽에서 일어나고, 동남쪽에서 선정에 들어 서북쪽에서 일어나며, 아래쪽에서 선정에 들어 위쪽에서 일어나고, 위쪽에서 선정에 들어 아래쪽에서 일어나니, 이것을 열 가지라 합니다.

佛子 此菩薩摩訶薩 有十種入大三昧善巧智 何者 爲
十 佛子 菩薩摩訶薩 以三千大千世界 爲一蓮華 現身
徧此蓮華之上 結跏趺坐 身中 復現三千大千世界 其
中 有百億四天下 一一四天下 現百億身 一一身 入
百億百億三千大千世界 於彼世界一一四天下 現百億百億
菩薩修行 一一菩薩修行 生百億百億決定解 一一決定解
令百億百億根性圓滿 一一根性 成百億百億菩薩法不退業
然所現身 非一非多 入定出定 無所錯亂

불자들이여, 보살마하살이 큰 삼매에 들어가는 공교로운 열 가지 지혜가 있으니, 어떤 것을 열 가지라 합니까?

불자들이여, 보살마하살이 삼천대천세계로써 한 연꽃을 만들고, 이 연꽃 위에 두루하게 몸을 나타내어 결가부좌로 앉으며, 몸 가운데 다시 삼천대천세계를 나타내고, 그 가운데 백억 사천하가 있으며, 낱낱의 사천하에 백억 몸을 나타내고, 낱낱의 몸이 백억의 백억 삼천대천세계에 들어가며, 저 세계 낱낱의 사천하에서 백억의 백억 보살이 닦아 행함을 나타내고, 낱낱의 보살의 닦아 행함이 백억의 백억 결정한 앎을 내며, 낱낱의 결정한 앎이 백억의 백억 근기의 성품을 원만하게 하고, 낱낱의 근기의 성품이 백억의 백억 보살의 법에 물러나지 않는 업을 이루게 합니다.

그러나 나타낸 몸은 하나도 아니고 여럿도 아니며, 선정에 들고 선정에서 나옴에 착란한 바가 없습니다.

佛子 如羅睺阿修羅王 本身長 七百由旬 化形長十六萬
八千由旬 於大海中 出其半身 與須彌山 而正齊等 佛子
彼阿修羅王 雖化其身長十六萬八千由旬 然亦不壞本身之
相 諸蘊界處 悉皆如本 心不錯亂 不於變化身 而作他想
於其本身 生非己想 本受生身 恒受諸樂 化身 常現種種
自在神通威力 佛子 阿修羅王 有貪恚癡 具足憍慢 尙能
如是變現其身 何況菩薩摩訶薩 能深了達心法如幻 一切
世間 皆悉如夢 一切諸佛 出興於世 皆如影像 一切世界
猶如變化

불자들이여, 라후아수라왕의 본래 몸의 길이가 칠백 유순인데, 변화한 형상의 길이가 십육만 팔천 유순이니 큰 바다 가운데에서 그 몸의 반만 나와도 수미산 높이와 같습니다.

불자들이여, 저 아수라왕이 비록 그 몸을 변화하여 길이가 십육만 팔천 유순이 되지만, 본래 몸의 상을 무너뜨리지 않고 모든 오온과 십팔계와 십이처도 다 본래와 같아서 마음이 착란하지 않습니다.

변화한 몸에 대하여 다르다는 생각을 짓지 않고 그 본래의 몸에 대하여 나라고 하는 생각도 짓지 않으며, 본래 태어난 몸은 항상 모든 즐거움을 받아들이고 화한 몸은 항상 갖가지 자재한 신통과 위력을 나타냅니다.

불자들이여, 아수라왕은 탐냄과 성냄과 어리석음이 있고 교만함까지 갖추고도 오히려 이와 같이 그 몸을 변화시켜 나타내거늘, 하물며 보살마하살이 마음의 법이 환과 같고 일체 세간이 다 꿈과 같으며 일체 모든 부처님께서 세상에 출현하심이 모두 영상과 같고 일체 세계도 변하여 화한 것과 같으며

言語音聲 悉皆如響 見如實法 以如實法 而爲其身 知一
切法 本性淸淨 了知身心 無有實體 其身 普住無量境界
以佛智慧廣大光明 淨修一切菩提之行 佛子 菩薩摩訶薩
住此三昧 超過世間 遠離世間 無能惑亂 無能映奪 佛子
譬如比丘 觀察內身 住不淨觀 審見其身 皆是不淨 菩薩
摩訶薩 亦復如是 住此三昧 觀察法身 見諸世間 普入其
身 於中 明見一切世間 及世間法 於諸世間 及世間法 皆
無所着 佛子 是名菩薩摩訶薩 第一普光明大三昧善巧智

말과 음성이 다 메아리와 같음을 깊이 요달하고, 실다운 법을 보고 실다운 법으로 그 몸을 삼아서 일체 법의 본래 성품이 청정함을 알며, 몸과 마음이 실체가 없음을 분명하게 알아서 그 몸이 한량없는 경계에 널리 머무르고, 부처님의 지혜의 광대한 광명으로 일체 보리의 행을 깨끗하게 닦는 것은 어떻겠습니까?

불자들이여, 보살마하살이 이 삼매에 머무르면 세간을 뛰어넘고 세간을 멀리 여의어서 미혹될 수 없고 가려질 수도 없습니다.

불자들이여, 비유하면 비구가 안의 몸을 관찰하여 부정관(不淨觀)*에 머물러 그 몸이 모두 깨끗하지 못함을 살펴보는 것과 같습니다.

보살마하살도 또한 다시 이와 같아서 이 삼매에 머물러 법신을 관찰하여 모든 세간이 그 몸에 두루 들어감을 보아서 그 가운데 일체 세간과 세간법을 밝게 보되 모든 세간과 세간법에 모두 집착하는 바가 없습니다.

불자들이여, 이것을 보살마하살의 첫째 넓은 광명 큰 삼매의 공교한 지혜라 이름합니다."

佛子 云何爲菩薩摩訶薩 妙光明三昧 佛子 此菩薩摩訶
薩 能入三千大千世界微塵數三千大千世界 於一一世界
現三千大千世界微塵數身 一一身 放三千大千世界微塵數
光 一一光 現三千大千世界微塵數色 一一色 照三千大千
世界微塵數世界 一一世界中 調伏三千大千世界微塵數衆
生 是諸世界 種種不同 菩薩 悉知 所謂世界雜染 世界清
淨 世界所因 世界建立 世界同住 世界光色 世界來往 如
是一切 菩薩 悉知 菩薩 悉入

2) 묘한 광명 큰 삼매 [妙光大三昧]

"불자들이여, 어떤 것을 보살마하살의 묘한 광명 삼매라 합니까?

불자들이여, 이 보살마하살이 삼천대천세계 가는 티끌 수 만큼의 삼천대천세계에 들어가 낱낱 세계에서 삼천대천세계 가는 티끌 수 만큼의 몸을 나타내고, 낱낱 몸에서 삼천대천세계 가는 티끌 수 만큼의 광명을 놓으며, 낱낱 광명에서 삼천대천세계 가는 티끌 수 만큼의 색을 나타내고, 낱낱 색에서 삼천대천세계 가는 티끌 수 만큼의 세계를 비추며, 낱낱 세계 가운데 삼천대천세계 가는 티끌 수 만큼의 중생을 조복시킵니다.

이 모든 세계가 갖가지로 같지 않음을 보살이 모두 아니, 세계의 잡되고 물듦과 세계의 청정함과 세계의 원인과 세계의 건립과 세계의 함께 머무름과 세계의 광명의 색과 세계의 오고 감과 이와 같은 일체를 보살이 모두 알고 보살이 모두 들어갑니다.

是諸世界 亦悉來入菩薩之身 然諸世界 無有雜亂 種種諸
法 亦不壞滅 佛子 譬如日出 遶須彌山 照七寶山 其七寶
山 及寶山間 皆有光影 分明顯現 其寶山上 所有日影 莫不
顯現山間影中 其七山間 所有日影 亦悉顯現山上影中 如
是展轉更相影現 或說日影 出七寶山 或說日影 出七山間
或說日影 入七寶山 或說日影 入七山間 但此日影 更相照
現 無有邊際

이 모든 세계가 또한 다 와서 보살의 몸에 들어가더라도 모든 세계는 어지러운 것이 없고, 갖가지 모든 법도 또한 무너져 멸하지 않습니다.

불자들이여, 비유하면 태양이 떠서 수미산을 돌아 칠보산을 비추면 그 칠보산과 보산 사이에 다 빛의 그림자가 분명하게 나타나고, 그 보산 위에 있는 태양의 그림자가 산 사이의 그림자 가운데 나타나지 않음이 없으며, 그 칠산 사이에 있는 태양의 그림자도 또한 산 위에 있는 그림자 가운데 모두 나타나서, 이와 같이 서로 겹겹이 그림자가 나타나거늘 혹은 태양의 그림자가 칠보산에서 나온다 말하고, 혹은 태양의 그림자가 칠산 사이에서 나온다 말하며, 혹은 태양의 그림자가 칠보산에 들어간다 말하고, 혹은 태양의 그림자가 칠산 사이에 들어간다 말하니, 다만 이 태양의 그림자가 다시 서로 비추고 나타남이 끝이 없지만

體性非有 亦復非無 不住於山 不離於山 不住於水 亦不
離水 佛子 菩薩摩訶薩 亦復如是 住此妙光廣大三昧 不
壞世間安立之相 不滅世間諸法自性 不住世界內 不住世界
外 於諸世界 無所分別 亦不壞於世界之相 觀一切法一相
無相 亦不壞於諸法自性 住眞如性 恒不捨離

성품의 몸이 있는 것도 아니고 또한 다시 없는 것도 아니며, 산에 머문 것도 아니고 산을 여읜 것도 아니며, 물에 머문 것도 아니고 물을 여읜 것도 아닌 것과 같습니다.

불자들이여, 보살마하살도 또한 다시 이와 같아서 이 묘한 광명의 광대한 삼매에 머물러 세간이 안립하는 상을 무너뜨리지도 않고 세간의 모든 법의 자성을 멸하지도 않으며, 세계 안에 머무르지도 않고, 세계 밖에 머무르지도 않으며, 모든 세계에 분별하는 바가 없되 또한 세계의 상을 무너뜨리지도 않고, 일체 법이 온통인 상이어서 상이 없음을 관하되 또한 모든 법의 자성을 무너뜨리지도 않으며, 진여의 성품에 머무르되 항상 여의어 버리지도 않습니다.

佛子 譬如幻師 善知幻術 住四衢道 作諸幻事 於一日中一
須臾頃 或現一日 或現一夜 或復現作七日七夜 半月一月
一年百年 隨其所欲 皆能示現城邑聚落 泉流河海 日月雲
雨 宮殿屋宅 如是一切 靡不具足 不以示現經年歲故 壞
其根本一日一時 不以本時極短促故 壞其所現日月年歲 幻
相明現 本日不滅 菩薩摩訶薩 亦復如是 入此妙光廣大三
昧 現阿僧祇世界 入一世界

불자들이여, 비유하면 요술사가 요술을 잘 알아서 사거리 길*에 머물러 모든 요술을 하되 하루 가운데 수유(須臾)*에 혹은 하루의 낮을 나타내고, 혹은 하루의 밤을 나타내며, 혹은 다시 칠일 낮과 칠일 밤과 반 달과 한 달과 일 년과 백 년을 나타내고, 성읍과 취락과 샘과 흐르는 강과 바다와 해와 달과 구름과 비와 궁전과 가옥을 뜻대로 모두 나타내 보여 이와 같은 일체를 갖추지 못하는 것이 없으며, 세월이 지남을 나타내 보이는 까닭으로 그 본래의 하루와 한 시간이 무너지지 않고, 본래의 시간이 지극히 짧은 까닭으로 그 나타낸 날과 달과 해가 무너지지 않아서 요술의 모습이 분명히 나타나지만 본래의 날은 없어지지 않는 것과 같습니다.

보살마하살도 또한 다시 이와 같아서 이 묘한 광명의 광대한 삼매에 들어서 아승기 수의 세계가 한 세계에 들어감을 나타냅니다.

其阿僧祇世界 一一皆有地水火風 大海諸山 城邑聚落 園
林屋宅 天宮龍宮 夜叉宮 乾闥婆宮 阿修羅宮 迦樓羅宮
緊那羅宮 摩睺羅伽宮 種種莊嚴 皆悉具足 欲界色界無色
界 小千世界 大千世界 業行果報 死此生彼 一切世間 所
有時節 須臾晝夜 半月一月 一歲百歲 成劫壞劫 雜染國土
清淨國土 廣大國土 狹小國土 於中諸佛 出興於世 佛刹
清淨 菩薩衆會 周匝圍遶 神通自在 敎化衆生

그 아승기 수의 세계에는 낱낱이 다 땅과 물과 불과 바람과 큰 바다와 모든 산과 성읍과 취락과 원림과 집과 천궁과 용궁과 야차궁과 건달바궁과 아수라궁과 가루라궁과 긴나라궁과 마후라가궁이 있으니 갖가지 장엄을 모두 구족하고, 욕계와 색계와 무색계와 소천세계와 대천세계와 업행과 과보로 여기에서 죽어 저기에서 태어납니다.

　일체 세간에 있는 시절과 수유와 낮과 밤과 반 달과 한 달과 일 년과 백 년과 겁이 이루어짐과 겁이 무너짐과 뒤섞여 물든 국토와 청정한 국토와 광대한 국토와 협소한 국토, 그 가운데 모든 부처님께서 세상에 출현하시니 부처님세계가 청정하고 보살의 대중 모임이 에워싸며 자재한 신통으로 중생을 교화합니다.

其諸國土 所在方處 無量人衆 悉皆充滿 殊形異趣 種種
衆生 無量無邊 不可思議 去來現在 清淨業力 出生無量
上妙珍寶 如是等事 咸悉示現 入一世界 菩薩 於此 普皆
明見 普入普觀 普思普了 以無盡智 皆如實知 不以彼世界
多故 壞此一世界 不以此世界一故 壞彼多世界 何以故
菩薩 知一切法 皆無我故 是名入無命法無作法者 菩薩
於一切世間 勤修行無諍法故 是名住無我法者 菩薩 如實
見一切身 皆從緣起故 是名住無衆生法者

그 모든 국토에 있는 방위의 처소에 한량없는 인간의 무리가 모두 다 가득차고, 다른 형상과 다른 취(趣)의 갖가지 중생들이 한량없고 끝없어 불가사의하며, 과거와 미래와 현재의 청정한 업의 힘으로 한량없이 가장 묘하고 진귀한 보배를 내는 이와 같은 등의 일이 한 세계로 들어감을 나타내 보입니다.

　보살이 이에 널리 다 밝게 보고, 널리 들어가 널리 관하며, 널리 생각하고 널리 깨달아서 다함없는 지혜로써 모두 여실하게 알되, 저 세계가 여럿인 까닭으로 이 온통인 세계를 무너뜨리지 않고, 이 세계가 온통인 까닭으로 저 여럿인 세계를 무너뜨리지 않습니다.

　무슨 까닭이겠습니까? 보살이 일체 법이 모두 무아(無我)임을 아는 까닭으로 목숨이 없는 법과 지음이 없는 법에 들어가는 이라 이름하고, 보살이 일체 세간에서 다툼이 없는 법을 부지런히 닦아 행하는 까닭으로 무아의 법에 머무르는 이라 이름하며, 보살이 일체 몸이 모두 인연을 따라 일어남을 여실하게 보는 까닭으로 중생이 없는 법에 머무르는 이라 이름하고,

菩薩 知一切生滅法 皆從因生故 是名住無補特伽羅法者
菩薩 知諸法 本性平等故 是名住無意生無摩納婆法者 菩
薩 知一切法 本性寂靜故 是名住寂靜法者 菩薩 知一切
法 一相故 是名住無分別法者 菩薩 知法界無有種種差
別法故 是名住不思議法者 菩薩 勤修一切方便 善調伏衆
生故 是名住大悲法者

보살이 일체 나고 멸하는 법이 모두 인(因)으로부터 생기는 것을 아는 까닭으로 보특가라*가 없는 법에 머무르는 이라 이름하며, 보살이 모든 법의 본래 성품이 평등함을 아는 까닭으로 뜻대로 태어남이 없어 마납바*가 없는 법에 머무르는 이라 이름하고, 보살이 일체 법의 본래 성품이 적정함을 아는 까닭으로 적정의 법에 머무르는 이라 이름하며, 보살이 일체 법이 온통인 상임을 아는 까닭으로 분별없는 법에 머무르는 이라 이름하고, 보살이 법계에 갖가지 차별된 법이 없음을 아는 까닭으로 부사의한 법에 머무르는 이라 이름하며, 보살이 일체 방편을 부지런히 닦아서 중생을 잘 조복시키는 까닭으로 대비의법에 머무르는 이라 이름합니다.

佛子 菩薩 如是能以阿僧祇世界 入一世界 知無數衆生
種種差別 見無數菩薩 各各發趣 觀無數諸佛 處處出興
彼諸如來 所演說法 其諸菩薩 悉能領受 亦見自身 於中
修行 然 不捨此處 而見在彼 亦不捨彼處 而見在此 彼身
此身 無有差別 入法界故 常勤觀察 無有休息 不捨智慧
無退轉故 如有幻師 隨於一處 作諸幻術 不以幻地故 壞
於本地 不以幻日故 壞於本日

불자들이여, 보살도 이와 같아서 아승기 수의 세계를 온통인 세계에 들어가게 하여 셀 수 없는 중생들의 갖가지 차별을 알고 셀 수 없는 보살의 각각 나아감을 보며 셀 수 없는 모든 부처님께서 곳곳에 출현하심을 관하여서, 저 모든 여래께서 널리 펴 설하시는 법을 그 모든 보살이 다 받아들이고 또한 스스로의 몸도 그 가운데 닦아 행하는 것을 보지만, 이곳을 버리지 않고 저곳에 있음을 보며 또한 저곳을 버리지 않고 이곳에 있음을 보며 저 몸과 이 몸이 차별이 없으니 법계에 들어가는 까닭이고, 항상 부지런히 관찰하고 쉼이 없으니 지혜를 버리지 않아서 퇴전함이 없는 까닭입니다.

마치 요술사가 있어 한 곳에서 모든 요술을 지으나 요술로 된 땅에 의해 본래의 땅이 무너지지 않고, 요술로 된 태양에 의해 본래의 태양이 무너지지 않는 것과 같습니다.

菩薩摩訶薩 亦復如是 於無國土 現有國土 於有國土 現
無國土 於有衆生 現無衆生 於無衆生 現有衆生 無色現
色 色現無色 初不亂後 後不亂初 菩薩 了知一切世法 悉
亦如是同於幻化 知法幻故 知智幻 知智幻故 知業幻 知
智幻業幻已 起於幻智 觀一切業 如世幻者 不於處外 而
現其幻 亦不於幻外 而有其處 菩薩摩訶薩 亦復如是 不
於虛空外 入世間 亦不於世間外 入虛空

보살마하살도 또한 다시 이와 같아서 국토가 없는 데에서 국토가 있는 것을 나타내고 국토가 있는 데에서 국토가 없는 것을 나타내며, 중생이 있는 데에서 중생이 없는 것을 나타내고 중생이 없는 데에서 중생이 있는 것을 나타내며, 색이 없는 데에서 색을 나타내고 색이 있는 데에서 색이 없는 것을 나타내며, 처음 것이 나중 것을 어지럽히지 않고 나중 것이 처음 것을 어지럽히지도 않습니다.

보살이 일체 세간의 법을 밝게 아는 것도 다 또한 이와 같아서 환화(幻化)와 같습니다.

법이 환임을 아는 까닭으로 지혜가 환임을 알고, 지혜가 환임을 아는 까닭으로 업이 환임을 알며, 지혜가 환이고 업이 환임을 알고는 환의 지혜를 일으켜 일체의 업을 관합니다.

마치 세간의 요술사가 처소 밖에서 그 요술을 나타내지도 않고 또한 요술 밖에 그 처소가 있지도 않듯이, 보살마하살도 또한 다시 이와 같아서 허공 밖에서 세간에 들어가는 것도 아니고 또한 세간 밖에서 허공에 들어가는 것도 아닙니다.

何以故 虛空世間 無差別故 住於世間 亦住虛空 菩薩摩
訶薩 於虛空中 能見能修一切世間種種差別妙莊嚴業 於
一念頃 悉能了知無數世界 若成若壞 亦知諸劫 相續次第
能於一念 現無數劫 亦不令其一念廣大 菩薩摩訶薩 得
不思議解脫幻智 到於彼岸 住於幻際 入世幻數 思惟諸
法 悉皆如幻 不違幻世 盡於幻智 了知三世 與幻無別 決
定通達 心無邊際

무슨 까닭이겠습니까? 허공과 세간이 차별이 없는 까닭이니, 세간에 머무르면서 또한 허공에도 머무릅니다.

　보살마하살이 허공 가운데 일체 세간의 갖가지 차별과 묘한 장엄의 업을 능히 보고 능히 닦으니, 온통인 생각으로 셀 수 없는 세계의 이루어짐과 무너짐을 모두 밝게 알고 또한 모든 겁이 서로 계속되는 차례를 알아서 온통인 생각에 셀 수 없는 겁을 나타내되 또한 그 온통인 생각을 광대하게 한 것도 아닙니다.

　보살마하살이 부사의한 해탈의 환의 지혜를 얻고 피안에 이르러 환의 경계에 머무르되 세상의 환의 수효에 들어가 모든 법이 다 환과 같음을 사유하지만, 환의 세상을 어기지 않고 환의 지혜를 다하여 삼세가 환과 더불어 다름이 없음을 밝게 알아서 결단코 통달하니 마음에 끝이 없습니다.

如諸如來 住如幻智 其心平等 菩薩摩訶薩 亦復如是 知
諸世間 皆悉如幻 於一切處 皆無所着 無有我所 如彼幻
師 作諸幻事 雖不與彼幻事 同住 而於幻事 亦無迷惑 菩
薩摩訶薩 亦復如是 知一切法 到於彼岸 心不計我 能入
於法 亦不於法 而有錯亂 是爲菩薩摩訶薩 第二妙光明大
三昧善巧智

마치 모든 여래께서 환과 같은 지혜에 머물러 그 마음
이 평등한 것과 같이, 보살마하살도 또한 다시 이와 같
아서 모든 세간이 다 환과 같음을 알아 일체 곳에 다 집
착할 바가 없어서 나의 곳〔我所〕이라 할 것도 없습니다.
　　마치 저 요술사가 모든 요술의 일을 하되 비록 저 요
술의 일과 함께 머무르지 않아 요술의 일에 또한 미혹함
이 없는 것과 같이, 보살마하살도 또한 다시 이와 같아
서 일체 법을 알아서 피안에 이르르니 마음에 나라는 헤
아림이 없어 능히 법에 들어가되 또한 법에 착란하지도
않습니다.
　　이것을 보살마하살의 둘째 묘한 광명 큰 삼매의 공교
한 지혜라 합니다."

농선 대원 선사 결문

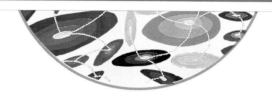

농선 대원 선사 결문(決文)

문 : 보살마하살의 둘째 묘한 광명 큰 삼매의 공교한 지
    혜를 요약해서 보여 주십시오.

답 : 험.
    온통인 이러-한 마음 밖에 다른 것이 없는 이것이
    이 보살마하살의 지혜이니라.

✑ 미주

* 마납바(摩納婆) : 산스크리트어 mānavaka의 음사이다. 소년 또는 어린아이라는 뜻으로 일반적으로 바라문 출신의 학생을 말한다. 외도에서 주장하는 궁극적인 자아의 대표적 개념 중 하나이다. 석가모니가 연등불 처소에서 보살이던 때의 이름을 말하기도 한다. 마납(摩納), 마납바(摩納婆), 마나바(摩那婆) 라고도 하며, 유동(儒童), 연소(年少), 정행인(淨行人), 장자(長者), 선혜(善慧)의 한역이다.

* 법왕(法王) : 산스크리트어 dharmarāja의 한역이다. 부처님에 대한 존칭. 왕은 가장 수승하고 자재하다는 뜻으로, 부처님은 출세법의 주인이며, 중생을 교화함에 자유자재한 묘용(妙用)이 있다 하여 법왕이라 한다.

* 보특가라(補特伽羅) : 산스크리트어 pudgala의 음사이다. 인간 또는 인간이 하는 모든 행위의 주재자로서의 자아를 지칭한다. 번뇌와 업의 인연으로 육취에 왕래하며 윤회를 거듭하는 주체라 하여 삭취취(數取趣)라고도 한다. 부특가라(富特伽羅), 부특가야(富特伽耶), 불가라(弗伽羅), 보가라(補伽羅), 복가라(福伽羅)라고도 하며, 인(人), 중생(衆生), 중수자(衆數者), 삭취취(數取趣), 아(我)라고 한역한다.

* 부정관(不淨觀) : 오정심관(五停心觀)의 하나. 육신의 부정(不

淨)함을 관찰하는 것으로, 탐욕이라는 번뇌를 물리치기 위해 몸에 대해 싫어하는 생각을 일으키는 것을 말한다.

* 사거리 길〔四衢道〕 : 사방으로 통하는 큰 거리. 흔히 사제(四諦)가 모두 진리와 계합하여 깨닫는 것이어서 교차로와 같다고 하여 이것에 비유한다.

* 사마타(奢摩他) : 산스크리트어 śamatha의 음역이다. 마음 가운데 일어나는 망념(妄念)을 쉬고, 마음을 한 곳에 머물게 하므로 지(止)라 한다. 지식(止息), 적정(寂靜), 능멸(能滅), 원리(遠離), 능조(能調), 능청(能淸)이라 한역한다.

* 사자분신삼매〔獅子奮迅定〕 : 여래가 대위력(大威力)을 나타내는 선정에 대한 비유로 쓰인다. 사자빈신삼매(獅子嚬伸三昧), 사자위삼매(獅子威三昧)라고도 한다.

* 수유(須臾) : 잠깐 동안. 매우 빠른 시각. 인도에서 주야(晝夜)의 30분의 1을 말하지만, 찰나와 같이 짧은 시간을 나타내기도 한다.

부록 1

불조정맥

불조정맥(佛祖正脈)

🪷 인 도

교조 석가모니불 (教祖 釋迦牟尼佛)

1조 마하가섭 (摩訶迦葉)

2조 아난다 (阿難陀)

3조 상나화수 (商那和脩)

4조 우바국다 (優波鞠多)

5조 제다가 (堤多迦)

6조 미차가 (彌遮迦)

7조 바수밀 (婆須密)

8조 불타난제 (佛陀難堤)

9조 복타밀다 (伏馱密多)

10조 파율습박(협) (波栗濕縛, 脇)

11조 부나야사 (富那夜奢)

12조 아나보리(마명) (阿那菩提, 馬鳴)

13조 가비마라 (迦毗摩羅)

14조 나가르주나(용수) (那閼羅樹那, 龍樹)

15조 가나제바 (迦那堤波)

16조 라후라타 (羅睺羅陀)

17조 승가난제 (僧伽難提)

18조 가야사다 (迦耶舍多)

19조 구마라다 (鳩摩羅多)

20조 사야다 (闍夜多)

21조 바수반두 (婆修盤頭)

22조 마노라 (摩拏羅)

23조 학륵나 (鶴勒那)

24조 사자보리 (師子菩堤)

25조 바사사다 (婆舍斯多)

26조 불여밀다 (不如密多)

27조 반야다라 (般若多羅)

28조 보리달마 (菩堤達磨)

🌸 중 국

29조 신광 혜가 (2 조 神光 慧可)

30조 감지 승찬 (3 조 鑑智 僧璨)

31조 대의 도신 (4 조 大醫 道信)

32조 대만 홍인 (5 조 大滿 弘忍)

33조 대감 혜능 (6 조 大鑑 慧能)

34조 남악 회양 (7 조 南嶽 懷讓)

35조 마조 도일 (8 조 馬祖 道一)

36조 백장 회해 (9 조 百丈 懷海)

37조 황벽 희운 (10조 黃檗 希雲)

38조 임제 의현 (11조 臨濟 義玄)

39조 홍화 존장 (12조 興化 存奬)

40조 남원 혜옹 (13조 南院 慧顒)

41조 풍혈 연소 (14조 風穴 延沼)

42조 수산 성념 (15조 首山 省念)

43조 분양 선소 (16조 汾陽 善昭)

44조 자명 초원 (17조 慈明 楚圓)

45조 양기 방회 (18조 楊岐 方會)

46조 백운 수단 (19조 白雲 守端)

47조 오조 법연 (20조 五祖 法演)

48조 원오 극근 (21조 圓悟 克勤)

49조 호구 소륭 (22조 虎丘 紹隆)

50조 응암 담화 (23조 應庵 曇華)

51조 밀암 함걸 (24조 密庵 咸傑)

52조 파암 조선 (25조 破庵 祖先)

53조 무준 사범 (26조 無準 師範)

54조 설암 혜랑 (27조 雪岩 慧郎)

55조 급암 종신 (28조 及庵 宗信)

56조 석옥 청공 (29조 石屋 淸珙)

🪷 한 국

57조 태고 보우 (1 조 太古 普愚)

58조 환암 혼수 (2 조 幻庵 混脩)

59조 구곡 각운 (3 조 龜谷 覺雲)

60조 벽계 정심 (4 조 碧溪 淨心)

61조 벽송 지엄 (5 조 碧松 智儼)

62조 부용 영관 (6 조 芙蓉 靈觀)

63조 청허 휴정 (7 조 淸虛 休靜)

64조 편양 언기 (8 조 鞭羊 彦機)

65조 풍담 의심 (9 조 楓潭 義諶)

66조 월담 설제 (10조 月潭 雪霽)

67조 환성 지안 (11조 喚醒 志安)

68조 호암 체정 (12조 虎巖 體淨)

69조 청봉 거안 (13조 靑峰 巨岸)

70조 율봉 청고 (14조 栗峰 靑杲)

71조 금허 법첨 (15조 錦虛 法沾)

72조 용암 혜언 (16조 龍巖 慧言)

73조 영월 봉율 (17조 詠月 奉律)

74조 만화 보선 (18조 萬化 普善)

75조 경허 성우 (19조 鏡虛 惺牛)

76조 만공 월면 (20조 滿空 月面)

77조 전강 영신 (21조 田岡 永信)

78대 농선 대원 (22대 弄禪 大圓)

농선 대원 선사님
인가 내력

농선 대원 선사님 인가 내력

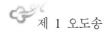 제 1 오도송

이 몸을 끄는 놈 이 무슨 물건인가?
골똘히 생각한 지 서너 해 되던 때에
쉬이하고 불어온 솔바람 한 소리에
홀연히 대장부의 큰 일을 마치었네

무엇이 하늘이고 무엇이 땅이런가
이 몸이 청정하여 이러-히 가없어라
안팎 중간 없는 데서 이러-히 응하니
취하고 버림이란 애당초 없다네

하루 온종일 시간이 다하도록
헤아리고 분별한 그 모든 생각들이

옛 부처 나기 전의 오묘한 소식임을
듣고서 의심 않고 믿을 이 누구인가!

此身運轉是何物
疑端汨沒三夏來
松頭吹風其一聲
忽然大事一時了

何謂靑天何謂地
當體淸淨無邊外
無內外中應如是
小分取捨全然無

一日於十有二時
悉皆思量之分別
古佛未生前消息
聞者卽信不疑誰

　농선 대원 선사님의 스승이신 불조정맥 제77조 조계종(曹溪宗) 전
강(田岡) 대선사님께서 1962년 대구 동화사의 조실로 계실 당시 농
선 대원 선사님께서도 동화사에 함께 머무르고 계셨다.
　하루는, 전강 대선사님께서 대원 선사님의 3연으로 되어 있는 제
1오도송을 들어 깨달은 바는 분명하나 대개 오도송은 짧게 짓는다

고 말씀하셨다. 이에 대원 선사님께서는 제1오도송을 읊은 뒤, 도솔암을 떠나 김제들을 지나다가 석양의 해와 달을 보고 문득 읊었던 제2오도송을 일러드렸다.

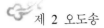 제 2 오도송

해는 서산 달은 동산 덩실하게 얹혀 있고
김제의 평야에는 가을빛이 가득하네
대천이란 이름자도 서지를 못하는데
석양의 마을길엔 사람들 오고 가네

日月兩嶺載同模
金提平野滿秋色
不立大千之名字
夕陽道路人去來

제2오도송을 들으신 전강 대선사님께서는 이에 그치지 않고 그와 같은 경지를 담은 게송을 이 자리에서 즉시 한 수 지어볼 수 있겠냐고 하셨다. 대원 선사님께서는 곧바로 다음과 같이 읊으셨다.

바위 위에는 솔바람이 있고

산 아래에는 황조가 날도다
대천도 흔적조차 없는데
달밤에 원숭이가 어지러이 우는구나

岩上在松風
山下飛黃鳥
大千無痕迹
月夜亂猿啼

　전강 대선사님께서는 위 송의 앞의 두 구를 들으실 때만 해도 지그시 눈을 감고 계시다가 뒤의 두 구를 마저 채우자 문득 눈을 뜨고 기뻐하는 빛이 역력하셨다.
　그러나 전강 대선사님께서는 여기에서도 그치지 않고 다시 한 번 물으셨다.
　"대중들이 자네를 산으로 불러내고 그중에 법성(향곡 스님 법제자인 진제 스님. 동화사 선방에 있을 당시에 '법성'이라 불렸고, 나중에 '법원'으로 개명하였다.)이 달마불식(達磨不識) 도리를 일러보라 했을 때 '드러났다'라고 답했다는데, 만약에 자네가 당시의 양무제였다면 '모르오'라고 이르고 있는 달마 대사에게 어떻게 했겠는가?"
　대원 선사님께서 답하셨다.
　"제가 양무제였다면 '성인이라 함도 서지 못하나 이러-히 짐의 덕화와 함께 어우러짐이 더욱 좋지 않겠습니까?' 하며 달마 대사의 손을 잡아 일으켰을 것입니다."

전강 대선사님께서 탄복하며 말씀하셨다.

"어느새 그 경지에 이르렀는가?"

"이르렀다곤들 어찌 하며, 갖추었다곤들 어찌 하며, 본래라곤들 어찌 하리까? 오직 이러-할 뿐인데 말입니다."

대원 선사님께서 연이어 말씀하시자 전강 대선사님께서 이에 환희하시니 두 분이 어우러진 자리가 백아가 종자기를 만난 듯, 고수 명창 어울리듯 화기애애하셨다.

달마불식 공안에 대한 위의 문답은 내력이 있는 것이다. 전강 대선사님께서 대원 선사님을 부르기 며칠 전에, 저녁 입선 시간 중에 노장님 몇 분만이 자리에 앉아있을 뿐 자리가 텅텅 비어 있었다고 한다.

대원 선사님께서 이상히 여기고 있던 중, 밖에서 한 젊은 수좌가 대원 선사님을 불렀다. 그 수좌의 말이 스님들이 모두 윗산에 모여 기다리고 있으니 가자고 하기에 무슨 일인가 하고 따라가셨다.

그러자 그 자리에 있던 법성 스님이 보자마자 달마불식 법문을 들고 이르라고 하기에 지체없이 답하셨다.

"드러났다."

곁에 계시던 송암 스님께서 또 안수정등 법문을 들고 물으셨다.

"여기서 어떻게 살아나겠소?"

대뜸 큰소리로 이르셨다.

"안·수·정·등."

이에 좌우에 모인 스님들이 함구무언(緘口無言)인지라 대원 선사님께서는 먼저 그 자리를 떠나 내려와 버리셨다.

그 다음날 입승인 명허 스님께서 아침 공양이 끝난 자리에서 지난 밤 입선시간 중에 무단으로 자리를 비운 까닭을 묻는 대중 공사를 붙여 산 중에서 있었던 일들이 낱낱이 드러나고 말았다. 그리하여 입선시간 중에 자리를 비운 스님들은 가사 장삼을 수하고 조실인 전강 대선사님께 참회의 절을 했던 일이 있었다.

전강 대선사님께서는 이때에 대원 선사님께서 달마불식 도리에 대해 일렀던 경지를 점검하셨던 것이다.

이런 철저한 검증의 자리가 있었던 다음 날, 전강 대선사님께서 부르시기에 대원 선사님께서 가보니 주지인 월산(月山) 스님께서 모든 것이 약조된 데에서 입회해 계셨으며 전강 대선사님께서는 곧바로 다음과 같이 전법게(傳法偈)를 전해주셨다.

 전 법 게

부처와 조사도 일찍이 전한 것이 아니거늘
나 또한 어찌 받았다 하며 준다 할 것인가
이 법이 2천년대에 이르러서
널리 천하 사람을 제도하리라

佛祖未曾傳
我亦何受授
此法二千年
廣度天下人

　덧붙여 이 일은 월산 스님이 증인이며 2000년까지 세 사람 모두
절대 다른 사람이 알게 하거나 눈에 띄게 하지 않아야 한다고 당
부하셨다.
　만약 그러지 않을 시에는 대원 선사님께서 법을 펴 나가는데 장
애가 있을 것이라고 예언하셨다. 또한 각별히 신변을 조심하라 하
시고 월산 스님에게 명령해 대원 선사님을 동화사의 포교당인 보
현사에 내려가 교화에 힘쓰게 하셨다.
　대원 선사님께서 보현사로 떠나는 날, 전강 대선사님께서는 미리
적어두셨던 부송(付頌)을 주셨으니 다음과 같다.

 부 송

　어상을 내리지 않고 이러-히 대한다 함이여
　뒷날 돌아이가 구멍 없는 피리를 불리니
　이로부터 불법이 천하에 가득하리라

不下御床對如是
後日石兒吹無孔
自此佛法滿天下

위의 송의 '어상을 내리지 않고 이러-히 대한다 함이여'라는 첫째 줄 역시 내력이 있는 구절이다.

전에 대원 선사님께서 전강 대선사님을 군산 은적사에서 모시고 계실 당시 마당에서 홀연히 마주쳤을 때 다음과 같은 문답이 있었다.

전강 대선사님께서 물으셨다.

"공적(空寂)의 영지(靈知)를 이르게."

대원 선사님께서 대답하셨다.

"이러-히 스님과 대담(對談)합니다."

"영지의 공적을 이르게."

"스님과의 대담에 이러-합니다."

"어떤 것이 이러-히 대담하는 경지인가?"

"명왕(明王)은 어상(御床)을 내리지 않고 천하 일에 밝습니다."

위와 같은 문답 중에 대원 선사님께서 답하신 경지를 부송의 첫째 줄에 담으신 것이다.

전강 대선사님께서 대원 선사님을 인가(印可)하신 과정을 볼 때 한 번, 두 번, 세 번을 확인하여 철저히 점검하신 명안종사의 안목에 탄복하지 않을 수 없으며 이에 끝까지 1초의 머뭇거림도 없이 명철하셨던 대원 선사님께 찬탄하지 않을 수 없다.

그리하여 법열로 어우러진 두 분의 자리가 재현된 듯 함께 환희 용약하지 않을 수 없다.

이제 전강 대선사님과 약속한 2천년대를 맞이하였으므로 여기에 전법게를 밝힌다.

이로써 경허, 만공, 전강 대선사님으로 내려온 근대 대선지식의 정법의 횃불이 이 시대에 이어져 전강 대선사님의 예언대로 불법이 천하에 가득할 것이다.

21세기에
인류가 해야 할 일

21세기에 인류가 해야 할 일

이 사람은 1962년 26세 때부터 21세기에 인류에게 닥칠 공해문제, 에너지문제를 예견하고 대체에너지(무한원동기, 태양력, 파력, 풍력 등) 개발과 '울 안의 농법'을 연구하고 그 필요성을 많은 이들에게 이야기해 왔습니다.

당시에는 너무 시대를 앞서가는 이야기여서인지 일반인들이 수용하지 못하고 오히려 불신의 눈으로 바라보며 이 사람의 법마저 의심하였습니다. 하지만 현대에 있어서는 이것이 인류가 해결해야 할 가장 절박한 사안이 되어 있습니다.

'사막화방지 국제연대'를 설립한 것도 현재 인류가 해결해야 할 가장 절박한 지구환경문제를 이슈화시키고 그 해결책을 제시하여 재앙에 직면한 지구촌을 살리기 위해서입니다.

'사막화방지 국제연대'에서 추진하고 있는 사막화 방지, 지구 초원화, 대체에너지 개발은 온 인류가 발 벗고 나서서 해야 할 일입니다.

첫째 사막화 방지에 있어서 기존에 해왔던 '나무심기 사업'은 천문학적인 예산과 많은 인력을 동원하고도 극도로 황폐한 사막화된 환경을 되살리는 데 실패하였습니다.

그래서 이 사람은 사막화 방지에 있어서는 '사막 해수로 사업'을 새로운 방안으로 제시하였습니다.

사막 해수로 사업은 사막화된 지역에 수도관을 매설하여 바닷물을 끌어들여서 염분에 강한 식물을 중심으로 자연생태계를 복원하는 사업입니다.

이것은 나무심기 사업으로 심은 나무들이 절대적으로 물이 부족하여 생존할 수 없었던 문제를 해결할 수 있는, 현재로서는 유일한 해결책입니다.

그러나 '사막화방지 국제연대'의 목적은 사막이 확장되는 것을 방지하자는 것이지 사막 전체를 완전히 없애자는 것은 아닙니다. 인체에서 심장이 모든 피를 전신의 구석구석까지 골고루 보내어 살아서 활동하게 하듯이 사막은 오히려 지구의 심장 역할을 하는 중요한 곳이기 때문입니다.

그래서 21세기에 있어서는 다만 사막의 확장을 방지할 뿐 아니라 사막을 어떻게 운용하느냐를 연구해야 합니다.

사막에 바둑판처럼 사방이 막힌 플룸관 수로를 설치하여 동, 서, 남, 북 어느 방향의 수로를 얼마만큼 채우느냐 비우느냐에 따라, 사막으로부터 사방 어느 방향으로든 거리까지 조절하여, 원하는 지역에 비를 내리게 하고 그치게 할 수 있습니다. 철저히 과학적인

데이터에 의해 이렇게 사막을 운용함으로써 21세기의 지구를 풍요로운 낙원시대로 만들어가야 합니다.

둘째로 지구를 초원화할 수 있는 방안으로서 3년간의 실험을 통해, 광활한 황무지 지역을 큰 비용을 들이거나 많은 인력을 동원하지 않고도 짧은 시간 내에 초지로 바꿀 수 있는 식물을 찾아냈습니다.

그것은 바로 '돌나물'입니다. 돌나물은 따로 종자를 심을 필요가 없이 헬리콥터나 비행기로 살포해도 생존, 번식할 수 있으며, 추위와 더위, 황폐한 땅에서도 살아남을 수 있는 생명력과 번식력이 강한 식물입니다.

지구환경을 되살리는 초지조성 사업에 있어서 이것이 큰 도움이 되리라 생각합니다.

셋째의 대체에너지 개발에 있어서는 태양력, 파력, 풍력 등 1962년도부터 이 사람이 연구하고 얘기해왔던 방법들이 이미 많이 개발되어 실용화한 단계에 있습니다.

이 세 가지 일은 한 개인이나 한 국가가 할 수 있는 일이 아닙니다. 모든 국가가 앞장서서 전 세계적인 사업으로 이루어져야 합니다. 모든 국가가 함께 한 기금조성이 이루어져야 하고 기금조성에 참여한 국가는 이 시스템에 의한 전면적인 혜택을 입을 수 있도록 해야 합니다.

인류 모두가 지혜를 모아 이 일에 전력을 다한다면 인류는 유사이래 가장 좋은 시절을 맞이하게 될 것이며, 만약 이 일을 남의 일인 양 외면한다면 극한의 재앙을 면할 수 없을 것입니다.

이 사람이 오래 전부터 얘기해왔던 '울 안의 농법'은 이미 미국 라스베이거스(Las Vegas)에서 30층짜리 '고층 빌딩 농장'으로 구현되었습니다. 그렇게 크게도 운영될 수 있지만 각자 자신의 집에서 이루어지는 '울 안의 농법'도 필요합니다.

21세기에 있어서 또 하나 인류가 만일의 사태를 대비해서 연구, 추진해야 될 일이 있다면 바닷속에서의 수중생활, 수중경작입니다.

지구가 심하게 온난화될 경우, 공기가 너무 많이 오염될 경우, 바닷물이 높아져 살 땅이 좁아질 경우 등에 대비할 때, 인류는 우주에서의 삶보다는 바닷속에서의 삶을 준비해야 합니다. 왜냐하면 그것이 훨씬 수월하고 비용도 절감할 수 있기 때문입니다.

이렇게 깨달은 이는 이변적으로는 깨달음을 얻게 하여 영생불멸의 삶을 영위할 수 있도록 만인을 이끌어야 하며 사변적으로는 일반인이 예측할 수 없는 백 년, 천 년 앞을 내다보아 이를 미리 앞서 대비하도록 만인의 삶을 이끌어줘야 한다고 생각합니다.

불법의 뜻은 다만 진리 전수에만 있는 것이 아니니, 만인이 서로 함께 영원한 극락을 누릴 때까지 물심양면으로, 이사일여로 베풀어 교화해야 하기 때문입니다.

가슴으로 부르는
불심의 노래

여기에 실린 것들은 모두 농선 대원 선사님
께서 직접 작사하신 곡들이다.

　수행의 길로 들어서게끔 신심, 발심을 북돋
아주는 곡으로부터 수행의 길로 접어든 이의
구도의 몸부림이 담겨있는 곡, 대승의 원력을
발해서 교화하는 보살의 자비심과 함께 낙원
세계를 누리는 풍류를 그려놓은 곡까지 가사
한마디, 한마디가 생생하여 그 뜻이 뼛속 깊이
새겨지고 그 멋에 흠뻑 취하게 된다.

　농선 대원 선사님께서는 거칠고 말초적인
요즘의 노래를 듣고 이러한 정서를 순화시키
고자, 또한 수행의 마음을 진작시키고자 하는
뜻에서 이 곡들을 작사하셨다.

🪷 가슴으로 부르는 불심의 노래 - 가사 목록

🌸 님은 아시리

1 부

1. 사계절의 풍광인들 위로되겠니
서사시의 음률인들 쉬어지겠니
뜻과 같이 되지 않아 기도에 젖은
이 마음 님은 아시리
한 세상 열정 쏟아 닦는 수행길
불보살님 출현하서 베푼 자비에
모든 망상 모든 번뇌 없었으면 좋으런만
마음대로 안 되는 게 수행이더라, 수행이더라

2. 사계절의 풍광인들 위로되겠니
서사시의 음률인들 쉬어지겠니
뜻과 같이 되지 않아 기도에 젖은
이 마음 님은 아시리
청춘의 모든 욕망 사뤄버리고
회광반조 촌각 아낀 열정 쏟아서
이룬 선정 그 효력이 있었으면 좋으런만
마음대로 안 되는 게 보림이더라, 보림이더라

3. 사계절의 풍광인들 위로되겠니
서사시의 음률인들 쉬어지겠니
뜻과 같이 되지 않아 기도에 젖은
이 마음 님은 아시리
억겁의 모든 습성 꺾어보려고
갖은 노력 갖은 인내 온통 쏟아서
세월 잊은 보림 성취 있었으면 좋으런만
마음대로 안 되는 게 성불이더라, 성불이더라

2 부

1. 사계절의 풍광인들 비유되겠니
가릉빈가 음률인들 비교되겠니
뜻과 같이 자유자재 베풀어놓고
한없이 즐기시런만
그러한 대자유의 삶을 접고서
중생들을 구제하려 삼도에 출현
갖은 역경 어려움을 감내하는 자비로써
깨워주는 그 진리에 눈을 뜨거라, 눈을 뜨거라

2. 사계절의 풍광인들 비유되겠니
가릉빈가 음률인들 비교되겠니
뜻과 같이 자유자재 베풀어놓고
한없이 즐기시런만
억겁을 다하여도 끝이 없을 걸
알면서도 해내겠다 나선 님의 길
가시밭길 험난해도 일관하신 그 자비에
구류중생 깨달아서 정토 이루리, 정토 이루리

3. 사계절의 풍광인들 비유되겠니
가릉빈가 음률인들 비교되겠니
뜻과 같이 자유자재 베풀어놓고
한없이 즐기시런만
낙원의 모든 즐김 떨쳐버리고
삼악도를 낙원으로 이뤄놓겠다
촌각 아낀 그 열정에 모두 모두 감화되어
이 땅 위에 님의 소원 이뤄지리라, 이뤄지리라

불보살의 마음

1. 자비, 그 자비는 눈물이었네
불나방이 불을 쫓듯 가는 이
그래도 못 잊어서 버리지 못해
저리는 저리는 가슴, 그 가슴 안고서
눈물, 피눈물로 저리 부르네

2. 자비, 그 자비는 눈물이었네
제 살 길을 저버리는 이들을
그래도 못 잊어서 버리지 못해
저리는 저리는 가슴, 그 가슴 안고서
눈물, 피눈물로 저리 부르네

나의 노래

1. 노세 노세 봄놀이하세
대천세계 이 봄 경치
한산 습득 친구삼아
호연지기 즐겨볼까
얼씨구나 절씨구
아니나 즐기고 무엇하리

2. 노세 노세 봄놀이하세
걸음 쫓아 이른 곳곳
문수보현 벗을 삼아
화엄광장 춤춰볼까
얼씨구나 절씨구
아니나 즐기고 무엇하리

잘 사는 게 불법일세

1. 잘 사는 게 불법일세
우리 모두 관음보살 지장보살 생활 속에
모시면서
마음 비운 나날들로 바른 삶을 하노라면
불보살님 가피 속에 뜻 이뤄서 꽃을 피운
그런 날이 있을 걸세

2. 잘 사는 게 불법일세
우리 모두 관음보살 지장보살 생활 속에
모시면서
마음 비워 살아가며 시시때때 잊지 않고
참나 찾아 참구하는 그 정성도 함께하면
좋은 소식 있을 걸세

3. 잘 사는 게 불법일세
우리 모두 관음보살 지장보살 생활 속에
모시면서
틈틈으로 회광반조 사색으로 참나 깨쳐
화장세계 장엄하고 얼쉬얼쉬 어울리며
영원토록 웃고 사세

선 승

토함산 소나무 위에 달빛도 조는데
단잠을 잊은 채 장승처럼 앉아있는
깊은 밤 선승의 그윽한 눈빛
고요마저 서지 못한 선정이라
대천도 흔적 없고 허공계도 머물 수 없는
수정 같은 광명이여, 화엄의 세계로세

우리 모두

우리 모두 만난 인생 즐겁게 살자
부딪치는 세상만사 웃으며 하자
인연으로 어우러진 세상사이니
풀어가는 삶이어야 하지 않겠니

몸종 노릇 하는 사이 맘 챙겨 살자
맑고 맑은 가을 허공 그렇게 비워
명상으로 정신세계 사무쳐보자
언젠가는 깨쳐 웃는 그날이 오리

한산 습득 껄껄 웃는 그러한 웃음
웃어가며 모든 일을 대하는 날로
활짝 펼쳐 어우러진 그러한 삶을
우리 모두 발원하며 즐겁게 살자

마음이 나로세

본래 마음이 나이건만
몸이 내가 된 삶이 되어
갖은 고통이 따랐다네

맘이 내가 된 삶으로서
갖은 고통이 없는 삶을
우리 누리고 살아보세

이리 쉽고도 쉬운 일을
어찌 등 돌린 삶으로서
고통 속에서 헤매는고

마음 수행을 모두 하여
나고 죽음이 없음으로
태평 세월을 누려보세

거룩한 만남

불법을 만난 건 행운 중 행운이고 내 생의 정점일세
거룩한 이 법을 만나는 사람이면 서로가 권하고 권을 하여
함께 하는 일상의 수행이 되어서 다 같이 누리는 낙원 이뤄
고통과 생사는 오간 데 없고 웃음과 평온만 넘치고 넘쳐
길이길이 끝이 없는 복락 누리세

여래의 큰 은혜 순간인들 잊으랴 수행해 크게 깨쳐
구제를 다함만 큰 은혜 갚음이니 노력과 실천 다해
우리 모두 씩씩한 낙원의 역군이 되어 봉화적인 이생의 삶
으로써
최선을 다하여 부끄럼 없는 대장부로, 은혜 갚는 장부로
길이길이 끝이 없는 복락 누리세

사람다운 삶

1. 사람이 사람다운 사람이 되려면
   명상으로 비우고 비워서
   고요의 극치에 이르러
   자신을 발견한 슬기로써
   마음을 다스리는 연마 후에
   그 능력으로 모두가 살아가야
   평화로운 세상이 활짝 열려
   모두 함께 누릴 걸세

2. 서로가 다툼 없이 서로를 아껴서
   마음으로 베풀고 베푸는
   사회로 이루어 간다면
   낙원이 멀리만 있는 것이 아니라
   살고 있는 이대로가 낙원이란 걸
   모두가 실감하는
   우리들의 세상이 활짝 열려
   모두 함께 누릴 걸세

 즐거운 마음

1. 우리 모두 선택받은 제자 되어
즐거운 맘 하나 되어 축하합니다
그 무엇을 이룬들 이리 좋으며
황금보석 선물인들 이만하리까
부처님의 가르침만 따르오리다
실천하리라 실천하리라

2. 부처님의 뒤 이을 걸 맹세하며
다짐으로 즐기는 맘 가득합니다
당당하게 행보하는 구세의 역군
혼신 다해 낙원 이룬 이 세계에서
함께 사는 즐거움을 생각하며
노래합니다 노래합니다

 사는 목적

우리 모두 행복을 찾아 영원을 찾아
내면 향해 비춰보는 명상으로
앉으나 서나 일을 하나 최선을 다하세
하루의 해가 서산을 붉게 물들이고
합장 기도하여 또 다짐과 맹서의 말
뜻 이루어 이 세상의 빛이 돼서
구류를 생사 고해에서 구제하는 사람으로
영원히 영원히 살 것입니다

 바른 삶 1

우리 삶을 두고서 허무하다 누가 말했나
본래 마음이 나 아닌가
그 마음 나를 삼아 살면 되지
지금도 늦지 않네 우리 모두
오늘부터 모두들 마음으로 나를 삼아
길이길이 웃고들 사세

 바른 삶 2

1. 어디어디 어디라 해도
마음 찾아 바로만 살면
그곳 바로 극락이라네
세상분들 귀담아듣고
사람 몸을 가졌을 때에
모든 고비 극복해내서
참선으로 참나를 깨쳐
걸림 없는 해탈의 세상
누려보세 누려들 보세

2. 어두운 곳 태양이 뜨듯
중생계에 불타 출현해
바른 삶으로 인도하셔
복된 날을 기약케 하니
아니아니 좋고 좋은가
이 몸 주인 통쾌히 깨쳐
억겁 업을 말끔히 씻고
걸림 없는 해탈의 세상
누려보세 누려들 보세

 닮으렵니다

관세음보살 관세음보살
지극한 마음으로 닮으려고
오늘도 노력하며 주어진 일을 하면
하루가 훌쩍 가는 줄도 모른다오
관세음 관세음보살
님께서 베푸는 그 넓은 사랑을
이 맘 속에 기르고 길러서
실천하는 그런 장부 되어서
큰 은혜 갚을 겁니다

수행과 깨침

1. 그릴 수도 없는 마음, 만질 수도 없는 마음
찾으려는 수행이라 모든 것을 다 버리고
모든 생각 비우기를 몇천 번이었던가
머리 터져 피 흘려도 멈출 수가 없는 공부
이 공부가 아니던가

2. 놓지 못해 우두커니 장승처럼 뭐꼬 하고 앉았는데
앞뒤 없어 몸마저도 공해버린 여기에서 이러-한 채
시간 간 줄 모른 채로 눈을 감고 얼마간을 지나던 중
한 때 홀연 큰 웃음에 화장계일세

걱정 말라

1. 걱정 말라 걱정을 말라 불보살님 말씀대로만 행한다면
안 풀리는 일 없다 하지 않았던가
육근으로 보시를 하며 웃고 살자 웃고들 살자
백년 미만 우리네 인생, 세상 만사 마음먹기 달렸다고
일러주시지 않았던가 걱정을 말라

2. 이리 봐도 저리를 봐도 모두모두 내 살림일세
간섭할 수 없는 내 살림 아니아니 그러한가
이리 펼치고 저리 펼쳐 육문으로 지은 복덕
베푸는 맛이 아니 좋은가 우리 사는 지구인 별 함께 가꿔
낙원으로 만들어서 살아들 보세

정한 일일세

우리네 삶이란 것
풀끝 이슬 아니던가
서로서로 위로하고 아끼면서
우리 모두 착한 삶이
이어져 가노라면
언젠가는 행복한
그날이 우리에게
찾아오는 것 정한 일일세
찾아오는 것 정한 일일세

여기가 낙원

참나 찾아 영원을 향해
한눈 안 팔고 노력하고
가정 위해 사회를 위해
뛰고 뛰고 혼신을 다한
나의 노력 결실이 되어
일상에서 누리는 나날
선 자리가 낙원이 되니
초목들도 어깨 춤추고
산새들도 축하를 하네

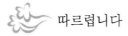 따르렵니다

1. 우리 모두 합장 공경 하옵니다
크고 작은 근심 걱정 씻어주려
우릴 찾아 오셨으니 감사합니다 고맙습니다

2. 우리 모두 손에 손을 맞잡고서
즐거웁게 노래하고 춤을 추며
우리에게 오신 님을 경하합니다 축하합니다

3. 우리들의 깊은 잠을 깨워주셔
영생불멸 낙원의 삶 누리게끔
해주시려 오신 님을 공경합니다 따르렵니다

 지장보살

지장보살 두 눈의 흐르는 눈물
마르실 날 언제일까 생각하고 또 생각해도
이 세상의 사람들이 멀어지게만 하고 있네요
보살님 어찌해야 하오리까
반야의 실천으로 최선 다해 돕는다면
안 되는 일 있으리까
대원본존 지장보살 나무 지장보살
얼씨구나 절씨구나 한 판 놀음 덩실덩실 살
아들 보세

 나는 바보

나는 바보다 나는 바보야
역지사지 알다보니 바보가 되었네
그렇지만 내 주위는 언제나 웃음이 있고
나눔이 있어 행복하다네
나는 나는 그런 바보야
나는 나는 그런 바보야

 옛 고향

고향 옛 고향이 그리워 거니는 산책에
고요한 달빛 휘영청 밝고 밤새는
그 무슨 생각에 저리 부르는 노래인데
숲 타고 온 석종소리에 열리는 옛 내 고향
그리도 캄캄하던 생각들은 흔적도 없고
고요한 마음 옛 고향 털끝만큼도
가리운 것이란 없었는데
어찌해 그 무엇에 어두웠던고 고향길 옛 내 고향
나는 따르리라 끝없는 일이라 하여도
님 하신 구제 고난과 역경
그 어떤 어려움 닥쳐도
님 하시는 일이라면 멈추는 일 없을 것일세
이것만이 보은이라네 보은이라네

 곰탱이

곰탱이 곰탱이 미련 곰탱이
세상 사람 요구 따라 다 들어준
사람더러 곰탱이라네
요구 따라 따지지 않고
들어주기 바쁜 이를 놀려대며 하는 말
곰탱이 곰탱이 미련 곰탱아
그리 살다간 끝내는 빌어먹을 쪽박마저
없겠구나 미련 곰탱아
그래도 덩실덩실 추는 춤을
보며 깔깔 웃는 사람들아
웃는 자신 모르니 서글퍼 내 하는 말
한 판의 꿈속이라 천금만금 쓸데없네
깔깔 웃는 그 실체를 자신 삼아 사는 삶이 되길
바라고 바라는 곰탱이 춤이로세

미련 곰탱이

나는 나를 모르는 곰탱이 곰탱이 미련 곰탱이
나라는 나를 보고 듣는 그거라고 보여주듯 일러줌에
동문서답 일관하는 곰탱이 곰탱이 미련 곰탱이
그러므로 성현들의 천하태평 무릉도원 못 누리고
고생고생 살아가는 곰탱이 곰탱이 미련 곰탱이
그런 삶을 면하려면 나라는 나를 깨달아라
자상하게 이끈 말씀 이행 못한 곰탱이 곰탱이 미련 곰탱이
귀천 없이 이끌어서 선 자리가 안양낙원 되게 하신
말씀을 이행 못한 곰탱이 곰탱이 미련 곰탱이
궁전 낙을 저버리시고 고행 수도 다하셔서
나란 나를 깨침으로 영생의 낙원으로 이끄셨네
이 기회를 놓친다면 다시 만나기 어려웁고 어려우니
칠야삼경 봉화 같은 그 지혜의 광명 받아
각자 것이 되게 하란 그 말씀을
실행 못한 곰탱이 곰탱이 미련 곰탱이
그 지혜의 이끔 받아 각자 경지 이러-히 되는 날엔
백사 만사 무엇이든 뜻대로 이뤄진다 권한 말씀
실행 못한 곰탱이 곰탱이 미련 곰탱이
눈앞의 그 작은 것 쫓다가 영원한 삶의 낙 놓치지 않으려면
나란 나를 꼭 깨달으란 귀한 말씀
실행 못한 곰탱이 곰탱이 미련 곰탱이
금구 성언 귀담아듣지 않고 흘려듣다간
백 년도 못 채운 후회막심 삶 되리니
새겨듣고 새겨들어 실천하란 그 말씀
실행 못한 곰탱이 곰탱이 미련 곰탱이
실천하여 깨닫고 박장대소 하는 날엔
삼세 성현 모두모두와 곰탱이 곰탱이가
누리 안은 광명 놓네 누리 안은 광명 놓아 삼창을 할 거라네

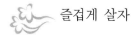 부처님의 말씀

부처님 말씀은 하나하나 자비더라
그러기에 불자들은 온화하고 선하더라
부처님 가르치는 이치는 흐르는 물이고
서늘한 산바람이며 봄꽃 향기요
심금을 울리는 연주요 노래요
포근한 어머니의 사랑이더라
바다처럼 넓고 넓은 자비의 품이더라
포근하고 온화한 그 가르침 하나하나
이치에 어긋남이 없으신 진실이더라
모두모두 다 함께 우리 모두 닮자구요
모두모두 다 함께 우리 모두 닮자구요
모두모두 다 함께 우리 모두 닮자구요
어쩌다 어쩌다 이런 가르침을 만났는지
이 다행 이 요행 헛되이 하지 않아
이 생에 깨달아서 이 크고 큰 은혜
갚는 일에 소홀하지 않으리라
감사합니다 감사합니다 우리 부처님
당신의 후예들마저도 유일하게
전쟁 같은 일들은 일으키지 않습니다
사랑하라 하면서 용서하라 하면서
사람이 사람을 죽이는 일
파리 목숨 취급하듯 하는 일이
있어서야 되겠습니까
혹시라도 이런 일이 종교에 있어서는
절대로 안 되는 일이라 믿습니다
관세음보살 나무아미타불
우리 모두 서로가 서로를 아끼고
사랑합시다 사랑합시다 사랑합시다

 즐겁게 살자

나를 찾아 행복을 찾아
내면 향한 명상으로 비춰보며
오늘도 최선을 다한 하루해가 져가네
노을빛 곱게 물이 들고 내 꿈도 이뤄져간다
생각만 하여도 보람찬 미소를 짓는다
세상만사 별것이더냐
서로서로 도와가며 살면서
틈틈이 내면 향한 명상으로
몸 건강 마음 건강 챙기며 사노라면
참나 깨친 박장대소도 짓고
세상 고별 마음대로 하는 날도 있을 걸세
그런 날을 기대하며 일하고 명상하며
하루하루 즐겁게 살자

행복이란

즐거웁게 즐겁게
살아가면 좋잖아
한 번뿐인 인생인데
모두 활짝 웃어요
신이 나게 웃어요
행복이란 돈과 직위에
있는 것 아니라네
행복이란 그 어떤 마음으로
사느냐에 있다네
다 같이 다 같이 웃어들 봐요
그 웃음 타고 행복이 오네
짧은 인생살이 이렇게
만들어가며 살아들 보세

🌸 두고두고 할 일

아미타불 사유를 깊이깊이 하여서
하늘땅 생긴 이래 오늘에 이르도록
크나큰 은산철벽 너머 일처럼
까마득히 모르던 나를 깨달았으나
모양 빛깔 없어서 쥐어줄 수도
보여줄 수도 없는 일이라서
입은 옷 뒤집어 보이듯 못하니 한이구나
그러나 보고 듣고 하는 바로 그것이니
마음눈을 활짝 열어 듣는 그곳 향해 살펴봐요, 살펴봐
하늘땅이 간 곳 없고 자신까지 사라진 데서
듣고 아는 그것 내가 아니던가
깊이깊이 참구해서 참나 찾아 결정신을 내리게나
다생겁의 윤회 중에 몸종 노릇 허사란 걸 경험하지 않았던가
그 깨달음에 비추어 세상 일에 응해가며
보림수행하는 일에 방심하지 않아서
구경각을 성취 후에 모든 류를 구제해서
큰 불은 갚음만이 두고두고 할 일일세, 두고두고 할 일일세

🌸 화엄의 세계

1. 각자 마음 깨닫고 봐요
누리 그 모두가 장엄이네 장엄, 빛의 장엄
어느 하나 마음의 장엄 아닌 게 없네, 없어
다함 없고 끝이 없는 보고 듣는 마음 하나 바로 쓰면
이대로가 무릉도원 화엄의 세계로세

2. 보고 듣고 느끼고 생각하는
그 모든 것 장엄이네 장엄, 빛의 장엄
어느 하나 빛의 장엄 아닌 게 없네, 없어
다함 없고 끝이 없는 보고 듣는 마음 하나 바로 쓰면
이대로가 화장세계 장엄의 세계로세

일체유심조

듣는 나를 내가 보니
바탕 없는 그 몸에

갖은 묘용 지녀 있어
오고 감은 물론이요

일체 모두 지어내고
그걸 또한 응용하여

자유자재 그 능력
못하는 것 하나 없네

온 누리에 펼쳐놓고
어울려 누려사세

이리 좋은 자기능력
전혀 몰라 헤매이는

세상 사람 갖은 고통
몸종 노릇 결과이니

마음 나된 삶으로써
억겁 굴레 벗어나서

맘이 지닌 능력회복
한시 빨리 이루어서

영원한 본래 삶을
같이 누려 살아 가세

(아리랑후렴)

함께 이뤄 누립시다
함께 이뤄 누립시다

어화둥둥 좋고 좋아
얼씨구나 좋고 좋다

이 마음이 내가 된 삶
이렇게도 상상밖에

달라질 수 있을까-
너무나도 달라져서

내자신이 놀라웁고
놀라워서 뭐라못해

조용하고 차분함 속
이 즐거움 말로 못해

온 누리를 선 자리서
볼 수 있는 능력이여

과거일을 알 수 있고
미래일을 예감하는

지혜능력 갖춰있어
실수란 것 없는 삶-

꿈 세계도 창조하는
모두 지닌 능력이니

뜻 있으면 가능하니
이 아니 전능한가

(아리랑 후렴)

전능으로 베풀어서
모두 함께 즐겨가며

후세들을 깨우는 낙
함께 하는 삶이니

이 아니들 좀도 좋고
얼씨구나 좋고 좋다

이 능력과 이 힘이면
온 세상을 바꿔 놓는

그 어떠한 일이라도
어려울게 뭐 있으리

뜻있으면 길이 있고
길있으면 하면 되는

이리 좋은 그 방법이
맘이 나된 그거로세

이리 좋은 길을 두고
안할 사람 뉘 있으리

이 일만이 길이길이
행복누릴 길이로세

넓고 넓은 누리 정원
펼쳐 놓고 모두 함께

손에 손을 서로잡고
함께 누린 삶으로써

일상이 된 이런 삶이
맘이 나 된 결과로세

이런 일을 아니하고
그 무엇을 할것인가

모두 모두 맘이 나된
그 일 실천 꼭 하여서

태평세월 함께 누린
그런 삶을 누려보세

얼씨구나 좀도 좋고
절씨구나 좋고 좋다

(아리랑 후렴)

🌸 내 마음 내가 된 삶

내 마음 내가 된 삶
모두들 살아봐요

신기하고 신기하다
신기하고 신기해
(세번 반복)

내 마음 내가 되니
영원한 삶이로세

신기하고 신기하다
신기하고 신기해
(세번 반복)

내 마음 내가 되니
안되는 일 없구나

신기하고 신기하다
신기하고 신기해
(세번 반복)

(아리랑 후렴)

꿈 세계도 창조한데
무엇인들 안될건가

신기하고 신기하다
신기하고 신기해
(세번 반복)

원근거리 상관없이
동시에 이르르니

신기하고 신기하다
신기하고 신기해
(세번 반복)

산하석벽 걸림 없이
자유로이 오고가니

신기하고 신기하다
신기하고 신기해
(세번 반복)

(아리랑 후렴)

상대방의 마음도
읽어낼 수 있으니
그 아니 신기한가

신기하고 신기하다
신기하고 신기해
(세번 반복)

과거 현재 미래 일을
앞 일처럼 아는 능력

신기하고 신기하다
신기하고 신기해
(세번 반복)

내 마음 내가 되면
이런 자유 누려사니
그 아니 신기한가

신기하고 신기하다
신기하고 신기해
(세번 반복)

온 누리의 모든 사람
이 행복을 같이 누려
살아들 봅시다

신기하고 신기하다
신기하고 신기해
(세번 반복)

아리랑 아리랑 아라리요
아리랑 고개로 넘어간다

좀도 좋다

듣는 나를 알지 못해
생활하는 그 가운데
알고파서 명상한데

어허 참말 이럴수가
창피하고 창피하다
창피하고 창피해-

듣는 그 곳 살펴보면
허공처럼 텅텅비어
어찌해야 옳을지를

어허 참말 이럴수가
창피하고 창피하다
창피하고 창피해-

허공처럼 비었으나
그게 듣고 대답하니
그게 바로 내 아닐까

어허 참말 이럴수가
창피하고 창피하다
창피하고 창피해-

그러다가 깨달으니
나고 죽음 본래없는
온통 온통 나로구나

얼씨구야 절씨구야
좀도 좋고 좀도 좋다
좀도 좋고 좀도 좋아

맘이 나 된 삶을 사니
낙원 따로 없는 것을
멍청하게 살았구려

얼씨구야 저절시구
좀도 좋고 좀도 좋다
좀도 좋고 좀도 좋아

꿈의 세계 창조했던
그 능력은 오직 하나
맘이 나된 때문일세

얼씨구야 저절시구
좀도 좋고 좀도 좋다
좀도 좋고 좀도 좋아

이 마음이 내가 되니
천리 만리 시차없고
아니된 일 전혀 없네

얼씨구야 저절시구
좀도 좋고 좀도 좋다
좀도 좋고 좀도 좋아

낙원의 삶 이 아닌가
영원의 삶 이 아닌가
맘이 나 된 삶을 사세

얼씨구야 저절시구
좀도 좋고 좀도 좋다
좀도 좋고 좀도 좋아

그 말씀

1. 님들의 고구정녕 그 말씀 맘에 새기세
그러면 오는 날엔 행복을 누리며
이웃들을 도우며 살리
개미처럼 개미처럼 개미처럼
개미처럼 개미처럼 개미처럼
개미처럼 개미처럼 개미처럼
이것저것 논하려 하지 말고 서로가
서로를 도와 세상을 이끄는 데 노력하면
이 세상의 그 어떠한 일일지라도
못 이룰 일 없을 것일세
꿀벌처럼 꿀벌처럼 꿀벌처럼
꿀벌처럼 꿀벌처럼 꿀벌처럼
꿀벌처럼 꿀벌처럼 꿀벌처럼

2. 님들의 가르침을 실행한 덕으로써
마음에 갖추어진 갖가지 능력을
부려 써서 누리는 삶을
개미처럼 개미처럼 개미처럼
꿀벌처럼 꿀벌처럼 꿀벌처럼
더불어 함께하면 별유천지 눈앞에 일이로세
이 모든 것이 참고 참아 극복해 이겨냈던
그 공덕의 결실이로세 그 공덕의 결실이로세
구름위의 백학처럼 구름위의 백학처럼 구름위의 백학처럼
함께누려 살아가세 함께누려 살아가세 함께누려 살아가세

웃고 살자

1. 아하하하 우습다 아하하하 우스워
제 그림자 모르고 저라 하는 사람 보고 아니 웃고 울랴
아하하하 우습다 아하하하 우스워(3번 반복)
여섯 도적 종노릇에 헌신하는 사람 보고 아니 웃고 울랴
아하하하 우습다 아하하하 우스워
저승세계 코앞인데 대비 없는 사람 보고 아니 웃고 울랴
아하하하 우습다 아하하하 우스워(3번 반복)
참나 찾지 아니하고 허송하는 사람 보고 아니 웃고 울랴
아하하하 우습다 아하하하 우스워(3번 반복)
아리랑 아리랑 아라리요
아리랑 고개를 넘어간다
나를 버리고 가시는 님은
십 리도 못 가서 되돌아온다

2. 즐겁고도 즐겁다 즐겁고도 즐거워(3번 반복)
좋은 인연 있었던가 거룩한 이 만나서 참나 찾은 이 행운이
즐겁고도 즐겁다 즐겁고도 즐거워(3번 반복)
이 행운을 나 혼자서 누리기에 아쉬워 인도하려 나섰는데
아리랑 아리랑 아라리요 아리랑 아리랑 아라리가 났네
즐겁고도 즐겁다 즐겁고도 즐거워(3번 반복)
영원한 나 찾음으로 한순간에 성취한 낙원의 삶 권하나니
즐겁고도 즐겁다 즐겁고도 즐거워(3번 반복)
우리 모두 다 함께 얼싸안고 누리는 그런 세상 노력하세
즐겁고도 즐겁다 즐겁고도 즐거워(3번 반복)
아리랑 아리랑 아라리요
아리랑 고개를 넘어간다
청천 하늘엔 잔별도 많고
이내 가슴엔 희망도 많다

🌸 서로서로 나누면서

버들 푸르고 꽃 만발하고 나비 춤이더니
녹음이 우거지고 매미들의 노래 가득한 천지
울긋불긋 고운 단풍 어제인 듯한데 눈이 오네
우리 모두의 삶 저러하고 저렇지 않던가
보기도 아까웁고 소중한 형제 자매들이니
서로서로 나누면서 짧은 우리네 삶을 즐김으로 살아가세

🌸 사람 사는 이치

이 세상 사람들 사는 것
농부들 농사를 짓는 것과
조금도 다를 바 없는 이치이니
여러분 귀 기울여 들어보시오
얼씨구나 좋네 지화자 좋네 아니아니 그러한가

봄이 되면 깊이깊이 간직해 둔 씨곡식을
꺼내다 땅을 파고 다듬어서 골을 파고 뿌린 후에
오뉴월 찜더위에 구슬땀을 흘리면서
김을 매어 가꾸는 것은 엄동설한 추운 날에
사랑하는 부모님과 아내 자식들 모두
잘 지내게 하려는 깊은 뜻에서라네
얼씨구나 좋네 지화자 좋네 아니아니 그러한가

어떤 이가 말을 하기를 늘 현재만을 즐겁게 살자
강변함을 보았는데 좋은 말이기는 하지만
그 말은 자칫하면 희망이 없는 잘못된 말이라네
그러므로 내일을 위하여 오늘의 어려움을 즐기면서
밝게밝게 살아갑시다
얼씨구나 좋네 지화자 좋네 아니아니 그러한가

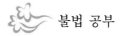 불법 공부

 좋구나

1. 이 세상 사는 분들게
권하오니 나를 찾는
이뭐꼬 화두 공부를
곰곰이 챙기고 챙겨
쉬지 않고 하다보면
하늘땅도 흔적 없이
사라지고 몸 없는 내가
환한 웃음 짓는 날이
있을테니 결정신을
내리어서 우리 함께
길이길이 누립시다

2. 불법 만난 이 다행을
그 무엇과 비교하랴
이 다행을 만났을 때
최선 다한 실행으로
금생에서 크게 깨쳐
불보살님 칭찬 받는
오후보림 필히 마쳐
중생 다한 그때까지
님의 은혜 갚을 것을
굳은 의지 맹서로써
다짐하고 다짐하세

3. 때가 없고 장소 없이
뜻을 따라 이뤄지는
이리 좋은 세상살이
본래부터 갖춰짐을
누리는 삶 우리 모두
일심동체 그리 되어
이 생 저 생 할 것 없이
얼씨구나 절씨구나
노래하고 춤도 추며
천생만생 누립시다
길이길이 누립시다

좋구나
이곳이 어때서
낙원에 장소가 있나요

마음이 착하면
선 곳이 무릉도원
이런 삶이 참 삶이라네

미소를 지으며
손에 손을 잡고서
태평가를 모두들 불러요

우리들 이렇게 서로 만나 사는 것
백겁천생 인연이라네

세월아 맞춰라
내 즐기고 즐기며
함께하는 이들에게 위로를 하려네

영원한 행복 찾기

 불법

1. 사람 사람마다
지닌 그 마음이
내가 된 삶으로
살아 가노라면
자연 알게 되네

둥글고 둥글게
모남없이 살자
(세번 반복)

마음 먹은대로
하고 싶은대로
척척 이뤄지고
꿈을 창조하던
능력 부린 날도
멀지 않으리니

둥글고 둥글게
모남없이 살자
(세번 반복)

노력 실천 다해
영원한 삶으로
영원한 행복을
함께 누려보세
함께 누려보세

둥글고 둥글게
모남없이 살자
(세번 반복)

2. 사람 사람마다
맘을 깨달아서
맘이 내가 되면
평등 그 자체라
자연인이 되어

둥글고 둥글게
모남없이 살자
(세번 반복)

서로 어울려서
나눈 인간미들
행복 그 자체며
오간 말들마다
온화한 그 체취

둥글고 둥글게
모남없이 살자
(세번 반복)

차별없는 베풂
풍족한 맘이고
가족같은 일상
낙원의 이 삶을
함께 누려보세
함께 누려보세

둥글고 둥글게
모남없이 살자
(세번 반복)

불법은 내게 있어
첫째도 둘째에도
내 삶의 이유이고
내 삶의 온통이며
마음의 광채이고
마음의 자비이며
자비의 실천이고
자비의 일상이며
희망의 꽃밭이고
희망의 피안이며
서원의 동력이고
서원의 자산이며
모두의 태평이고
모두의 영원일세

금강의 노래 1

일 없는 경지인 부처님, 중생 위해
한순간도 쉼 없이 일심전력 쏟으시네.

사위국 기수급고독원서 1250명의 비구
들과 계실 때 세존께서 공양 때가 되자
가사 입고 발우 들고 사위성에 들어 차
례차례 비신 후에 본 곳에 오셔 드시고
가사 발우 거둔 다음 발 씻고 자리 펴 앉
으셨네.

이때 장로 수보리 대중 가운데 있다가
자리에서 일어나 오체투지로 앉아 공경
히 합장하고 부처님께 여쭙기를

"희유합니다. 세존이시여. 모든 수행하
는 보살들에게 잘 생각하여 지키게 하시
고 잘 부촉하셨습니다. 그러나 세존이시
여 아뇩다라삼먁삼보리 마음을 내어 어
떻게 머무르며 어떻게 그 마음을 항복시
켜야 합니까?"

"착하고도 착하구나. 수보리야. 네가
말한 대로 여래는 모든 보살들이 잘 생
각하여 지키게 하였고 모든 보살들에게
잘 부촉하였다. 그러나 제삼 청하니 너
희들은 자세히 듣거라. 그대들을 위해
일러주리라.

선남자 선여인들이여, 아뇩다라삼먁삼
보리 마음을 내어 마땅히 이러-히 머물
고 이러-히 그 마음을 항복시켜야 하니
라."

금구성언 말씀대로 실천 다해
내 기어이 성취하여 구류 구제
최선 다해 큰 은혜를 보답하리

"그러하오나 세존이시여, 정말 그렇습
니다만 바라옵건대 보다 더 자세히 듣고
자 하나이다."

부처님께서 수보리에게 말씀하시기를
"모든 보살마하살은 마땅히 이러-히 그
마음을 항복시켜야 하니라. 내가 모든
중생들인 아홉 가지 무리들을 모두 남김
없이 열반에 들게 하여 이러-히 한량없
고 수없고 끝없는 중생을 멸도해서는 진
실로 멸도 얻은 중생이 없어야 하니라.

왜냐하면 수보리야 만일 보살이 아상,
인상, 중생상, 수자상이 있다면 곧 보살
이라 할 수 없기 때문이다.

수보리야, 보살은 마땅히 법에도 머무
름 없이 보시를 해야 하는 것이니 색에
머무름 없이 보시를 해야 하며, 소리나
향기나 맛이나 촉감이나 법에도 머무름
없이 보시를 해야 하니라.

수보리야, 마땅히 보살은 이러-히 보시
를 하여 모든 상에 머무름이 없어야 하
는 것이니, 만약 보살이 상에 머무름 없
이 보시를 하면 그로 인한 복덕은 생각
으로 헤아릴 수 없느니라. 왜냐하면 끝
없는 미래에 누리기 때문이니라.

그대는 어떻게 생각하느냐? 몸과 모
양으로 여래를 볼 수 있겠느냐, 없겠느
냐?"

"볼 수 없습니다. 세존이시여. 몸과 모
양으로는 여래를 볼 수 없습니다. 왜냐
하면 여래께서 말씀하신 몸과 모양은 곧
몸과 모양이 아니기 때문입니다."

"수보리야, 무릇 있는 바 상이 모두 허망하다고들 하나 만약 모든 상이 상 아님을 보면 바로 여래를 본 것이니라."

금구성언 말씀대로 실천 다해
내 기어이 성취하여 구류 구제
최선 다해 큰 은혜를 보답하리

수보리가 부처님께 여쭈었다.
"이상과 같은 말씀을 듣고 참답게 믿음을 낼 중생이 있겠습니까?"
"수보리야, 그런 말을 말라. 내가 열반한 뒤 오백 세가 지난 후라도 계행을 갖추고 복을 닦는 사람이 있어서 이 글귀에 능히 믿는 마음을 내어 이로써 참다움을 삼을 것이니라.
마땅히 알라. 이 사람은 한 부처님, 두 부처님, 세 부처님, 네 부처님, 다섯 부처님에게만 선근을 심은 것이 아니라 이미 한량없는 천만 부처님 처소에서 선근을 심었기에 이 글귀를 듣고 지극한 한 생각에 깨끗한 믿음을 내니라."

금강반야바라밀
금강반야바라밀
금강반야바라밀

금구성언 말씀대로 실천 다해
내 기어이 성취하여 구류 구제
최선 다해 큰 은혜를 보답하리

🌸 금강의 노래 2

일 없는 경지인 부처님, 중생 위해
한순간도 쉼 없이 일심전력 쏟으시네.

수보리가 부처님께 여쭈었다.
"세존이시여, 부처님께서 아뇩다라삼먁
삼보리를 얻으셨다 하나 얻은 바 없습니
다."
"그렇고 그렇다 수보리야. 나에게는 아
뇩다라삼먁삼보리나 그 어떤 조그마한
법도 얻음이 없으니 이를 이름하여 아뇩
다라삼먁삼보리라 하니라.
수보리야 이 법은 평등하여 높고 낮음이
없기에 이를 이름하여 아뇩다라삼먁삼보
리라 하니라. 아도 없고, 인도 없고, 중
생도 없고, 수자도 없이 모든 선법을 닦
아야 곧 아뇩다라삼먁삼보리를 얻느니
라.

금구성언 말씀대로 실천 다해
내 기어이 성취하여 구류 구제
최선 다해 큰 은혜를 보답하리

수보리야 선법이라고 말한 것도 여래가
곧 선법도 아닌 이것을 이름하여 선법이
라 할 뿐이니라.
수보리야 만일 어떤 사람이 삼천대천세
계 가운데 있는 모든 수미산왕만 한 일
곱 가지 보배 무더기로 보시한다 해도
이 반야바라밀경의 네 글귀 게송만이라
도 받아 지녀 읽고 외워서 다른 사람을
위하여 설하여 주는 이가 있다면 앞에서
일곱 가지 보배로 보시한 복덕으로는 백

천만억의 일에도 미칠 수 없느니라.
왜냐하면 그 복덕은 끝없는 미래에 누리
기 때문이니라.

다른 사람을 위하여 어떻게 말하여 주겠
느냐?
취할 상이란 것도 없으니 이러-하고 이
러-해서 움직임이 없도록 하라.
왜냐하면 모든 함이 있는 법은 꿈 같고,
허깨비 같고, 물거품 같고, 그림자 같으
며, 이슬 같고, 번개 같아서 마땅히 이
러-히 보아야 하기 때문이니라.

금구성언 말씀대로 실천 다해
내 기어이 성취하여 구류 구제
최선 다해 큰 은혜를 보답하리

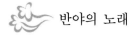 반야의 노래

일 없는 경지인 부처님, 중생 위해
한순간도 쉼 없이 일심전력 쏟으시네

내면 향해 비춰보는 지혜로써 이 몸 공함 바로 보아
나고 죽는 모든 괴로움 벗어나신 관자재의 말씀
들어보오

색이라 하나 공과 다르지 아니하고
공이라 하나 색과 다르지 아니하여
색 그대로 공이고, 공 그대로 색이며
받는 것, 생각하는 것, 행하는 것, 분별도 그렇다네

모든 법의 상도 또한 공했나니
나고 죽음 본래 없고 더럽지도 깨끗지도 아니하며
늘지도 줄지도 않는다네

금구 성언 옳은 말씀
수행이란 힘이 들어도
고비 넘겨 이뤄만 봐요
더 없는 행복을 이루네

공 가운데 색 없어서, 받는 것, 생각하는 것, 행하
는 것, 분별도 없고
눈과 귀와 코와 혀, 몸과 뜻도 없고
빛과 소리, 향기와 맛, 닿는 것과 법도 없어
눈으로 볼 경계 없어 뜻으로 분별할 경계도 없고
무명 없고 무명 다함 또한 없다시네
그러므로 늙고 죽음 없고, 늙고 죽음 다한 것도 본
래 없어
고와 집과 멸과 도도 없다 하고
지혜도 없고 또한 얻음마저 없으니, 얻을 바 없는
까닭이라네

금구 성언 옳은 말씀
이 경지가 힘이 들어도
굽이 넘겨 이뤄만 봐요
영원한 행복을 이루네

보살님들 반야바라밀다를 의지하는 까닭으로
마음에 걸림 전혀 없고
걸림 없는 까닭으로 두려움이 전혀 없어
엎어지고 거꾸러진 꿈결 같은 생각들이
전혀 없어 마침내 열반이라네

삼세 모든 부처님도 지혜로써 저 언덕에 이르
름을 의지한 고로
무상정변정각 이뤘나니 그러므로 알지어다
반야바라밀다는 이러-히 크게 신령한 주며 이
러-히 크게 밝은 주며
이러-히 위없는 주며 이러-히 차별 없는 차별
하는 주라
능히 모든 괴로움을 없앤다 함 진실이지 거짓
없네

아제 아제 바라아제 바라승아제 모지 사바하
아제 아제 바라아제 바라승아제 모지 사바하
아제 아제 바라아제 바라승아제 모지 사바하

금구 성언 옳은 말씀
이 경지를 최선을 다해
이룬다면 끝없는 삶에
영원한 행복을 이루네

치유의 노래

요즈음의 우울증과 가지가지 신경성 질환에 시달리는 사람들
세상에서 들리는 저 모든 소리들을
나의 내면에서 듣는 곳을 향해 비춰보오
쉬운 일은 아니지만 포기하지 않고
듣는 곳을 향해 보고 또 보는 것을
하루 이틀 한 달 두 달 지속하다 보면
어느 날 밖이 없는 고요를 체험하게 될 것일세
얼씨구나 좋네 지화자 좋네 아니아니 그러한가

그 고요를 지속하도록 노력하노라면
어느 날 대상 없는 미소와 동시에 편안함을 체험하게 될 것일세
밖이 없는 이 고요의 편안함을 즐기다 보면
어느 날 밖의 어느 인연을 맞아 그 실체인 자신을 발견할 것일세
이 실체를 발견한 뒤 세상을 살아가는 과정에서
어려운 일이 있으면 바로 그 실체에 비춰 보게
그 어려운 것들이 사라지고 밖이 없는 고요로운 실체의 자신이
대상 없는 미소를 짓게 될 것일세
얼씨구나 좋네 지화자 좋네 아니아니 그러한가

효

1. 아들 딸이 귀엽고 사랑스런 그 속에 우리들의 부모님
어려움에도 끝내 가르치고 기른 정 이제 읽으며
늦은 눈물로써 불초를 뉘우치며 맹세하고 다짐하는
아들 딸이 여기 있으니, 건강히 오래만 사시기를
손 모아 손을 모아 간절하게 바라고 또 바라는
기도를 하옵니다 부모님 입이 귀에 걸리시게 할 겁니다

2. 어렵고도 어려운 보릿고개 그 속에 우리들을 먹이고
가르치느라 정말 그 얼마나 고생이 되셨습니까
허리 두 끈으로 졸라맨 아픔으로 사셨죠
정말정말 오래도록 건강하게만 계셔주신다면
아들 딸을 낳으시고 길러주신 그 노고에 크게 보답할 겁니다
아버님 어머님의 입이 귀에 걸리시게 할 겁니다

내 말 좀 들어봐요

모두모두 내 말 좀 들어봐요
이 몸이 내가 아니라 이 마음이 나 아닌가
살아가는 생활 속에 명상을 하여
이 맘 찾아 나를 삼아 살아를 봐요
모든 속박 모든 괴롬 벗어나는 아주 좋은 일이니
이제라도 안 늦으니 명상으로 뜻 이루어
영원한 생명, 영원한 행복 우리 모두 누려들 보세
사막화를 막고 사막 경영 시대를 열자

사막화로 급속히 변해가는 이 지구를
방치해선 아니 되네 방치하면
지구가 생긴 이래 최악의 상태 됨은
불을 보듯 뻔한 일일세, 하지만

육십 억의 온 인류가 한 마음 한 뜻 되어
황무지는 돌나물로 푸른 초원 만들고
확장되는 사막화를 배수관의 바닷물로 막는다면
지구가 생긴 이래 가장 살기 좋은 시대를
인류는 맞을 걸세

아리랑 아리랑 아라리요
아리랑 고개를 넘어간다
청천 하늘엔 잔별도 많고
이내 가슴엔 희망도 많다

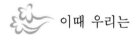

사막은 지구의 심장

21세기는 사막 경영 시대를 열어
연구에 노력을 다한다면
지상 낙원이 인류에게 달려와서 맞을 걸세

육십 억의 온 인류가 손에 손잡고 한 뜻 되어
사랑하는 마음으로 역경을 헤쳐 나가
사막화를 막고 황무지를 초원으로
살기 좋은 지구촌을 이뤄보세
살기 좋은 지구촌을 이뤄보세

아리랑 아리랑 아라리요
아리랑 고개를 넘어간다
청천 하늘엔 잔별도 많고
이내 가슴엔 희망도 많다

이때 우리는

1. 화산의 폭발로 해서 사람들과 모든 것이 용암펄로 화해버린
이 막막한 우리들을 올바르게 영원으로 끌어주실
성인 중의 성인이신 불보살님 나라에 가 나는 게 꿈이네

2. 태풍이 인가를 덮쳐 다정했던 이웃들은 간 곳 없고
어지러운 벌판 되어 처참하고 참담하기 그지없는 무상한
이 현실에 의지할 분, 생명 밝혀 영원케 한 부처님 뿐이네

3. 지진이 우리의 삶을 삼켜버려 초토화가 되어버린
허망하기 그지없는 우리들의 현실에선 사방천지 둘러봐도
의지해야 할 분은 자신 깨쳐 누리라 한 부처님 뿐이네

잘 사는 비결

참지 못한 결과는 어려움이 닥치고
참고 참는 결과는 좋은 일이 온다네
친구들아 모든 일 힘을 합쳐 맞으면
못 이룰 일 없지만
니 떡 너 먹고 내 떡 나 먹는 그럼 마음 쓴다면
될 일도 아니 된다네
우리 서로 뜻을 합쳐 모두모두 잘 살아보세
이미 이룬 과학문명 선용을 해서 용맹심을 내어
모든 일에 임한다면 행복이 줄을 서서 올 걸세
아리랑 아리랑 아라리요
아리랑 고개를 넘어간다
청천 하늘엔 잔별도 많고
이내 가슴엔 희망도 많다

용서한 결과로는 웃는 날을 맞이하고
베푼 뒤엔 참 좋은 이웃들이 생기네
친구들아 서로들 힘을 합쳐 임하면
못할 일이 없지만
니 떡 너 먹고 내 떡 나 먹는 그런 마음 쓴다면
될 일도 아니 된다네
오늘부터 뜻을 합쳐 우리 한번 잘 살아보세
이미 이룬 과학문명 선용을 해서 용맹심을 내어
모든 일에 임한다면 행복이 줄을 서서 올 걸세
아리랑 아리랑 아라리요
아리랑 고개를 넘어간다
청천 하늘엔 잔별도 많고
이내 가슴엔 희망도 많다

만들자

1. 빌딩숲의 실외기 열
오고가는 차 배기가스
사람소리 기계소리를
원림 속의 새소리와
개울소리 미풍소리
그것으로 만들자 만들자 만들자

2. 이익 따져 주고받는
설왕설래 어지러움
높고 낮은 금속음들을
매미소리 물소리와
노래하는 환경으로
우리 함께 만들자 만들자 만들자

3. 하늘 맑고 별이 빛난
조용하고 시상 뜨는
그런 환경 거닐면서
손에 손을 마주 잡고
노래하는 세상으로
우리 함께 만들자 만들자 만들자

정직하고 착한 마음

1. 정직하고 착한마음
우리모두 실천하면

먼저 가정 화평하고
웃음 꽃에 향내나며

이웃간에 믿음 깊어
서로 소통 이뤄져서

나라위한 일이라면
솔선수범 모두하고

서로 믿는 사회여서
안되는 일 없을걸세

서로 믿고 웃는 사회
우리 모두 힘 모아서
낙원 나라 이뤄내어
세계 이끈 나라 되세

2. 정직하고 착한 행동
우리 모두 실천하면

믿는 마음 두려워져
서로서로 돕게 되고

그리되면 힘 모아서
일일마다 쉬 이뤄져

앞서가는 나라되고
대접받는 국민되어

곳곳에서 우러르는
그런 국민 될 것일세

서로 믿고 웃는 사회
우리 모두 힘 모아서
낙원 나라 이뤄내어
세계 이끈 나라되세

3. 이런 마음 이런 행이
우리 조상 바탕이니

우리 국민 이뤄내어
봉화적인 나라로써

지구촌을 낙원으로
이뤄내는 나라되어

가는 곳곳 두르르는
그런 국민 그런 나라

그런 조상 그런 사상
꽃 피우는 국민 되세

서로 믿고 웃는 사회
우리 모두 힘 모아서
낙원 나라 이뤄내어
세계 이끈 나라 되세

도서출판 문젠(Moonzen Press)의 책들

1. 바로보인 전등록 (전30권을 5권으로)

7불과 역대 조사의 말씀이 1,700공안으로 집대성되어 있는 선종 최고의 고전으로, 깨달음의 정수가 살아 숨쉬도록 새롭게 번역되었다.
464, 464, 472, 448, 432쪽.
각권 18,000원

2. 바로보인 무문관

황룡 무문 혜개 선사가 저술한 공안집으로 전등록, 선문염송, 벽암록 등과 함께 손꼽히는 선문의 명저이다.
본칙 48개와 무문 선사의 평창과 송, 여기에 역저자인 대원 선사의 도움말과 시송으로 생명과 같은 선문의 진수를 맛보여 주고 있다.
272쪽. 12,000원

3. 바로보인 벽암록

설두 선사의 설두송고를 원오 극근 선사가 수행자에게 제창한 것이 벽암록이다.
이 책은 본칙과 설두 선사의 송, 대원 선사의 도움말과 시송으로 이루어져, 벽암록을 오늘에 맞게 바로 보이고 있다.
456쪽. 15,000원

4. 바로보인 천부경

우리 민족 최고(最古)의 경전 천부경을 깨달음의 책으로 새롭게 바로 보였다. 이 책에는 81권의 화엄경을 81자에 함축한 듯한 천부경과, 교화경, 치화경의 내용이 함께 담겨 있으며, 역저자인 대원 선사가 도움말, 토끼뿔, 거북털 등으로 손쉽게 닦아 증득하는 문을 열어놓고 있다.
432쪽. 15,000원

5. 바로보인 금강경

대원 선사의 『바로보인 금강경』은 국내 최초로 독창적인 과목을 내어 부처님과 수보리 존자의 대화 이면의 숨은 뜻을 드러내고, 자문과 시송으로 본문의 핵심을 꿰뚫어 밝혀, 금강경 전체를 손바닥 안의 겨자씨를 보듯 설파하고 있다.
488쪽. 15,000원

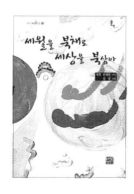

6. 세월을 북채로 세상을 북삼아

대원 선사의 선시가 담긴 선시화집 『세월을 북채로 세상을 북삼아』는 선과 시와 그림이 정상에서 만나 어우러진 한바탕이다. 선의 세계를 누리는 불가사의한 일상의 노래, 법열의 환희로 취한 어깨춤과 같은 선시가 생생하고 눈부시게 내면의 소리로 흐른다.
180쪽. 15,000원

7. 영원한 현실

애매모호한 구석이 없이 밝고 명쾌하여, 너무도 분명함에 오히려 그 깊이를 헤아리기 어려운, 대원 선사의 주옥같은 법문을 모아 놓은 법문집이다.
400쪽. 15,000원

8. 바로보인 신심명

신심명은 양끝을 들어 양끝을 쓸어버리는, 40대치법으로 이루어진, 3조 승찬 대사의 게송이다. 이를 대원 선사가 바로 번역하는 것은 물론, 주해, 게송, 법문을 더해 통쾌하게 회통하고 자유자재 농한 것이 이 『바로보인 신심명』이다.
296쪽. 10,000원

9. 바로보인 환단고기 (전5권)

『바로보인 환단고기』 1권은 민족정신의 정수인 환단고기의 진리를 총정리하여 출간하였다. 2권에는 역사총론과 태초에서 배달국까지 역사가 실려 있으며, 3권은 단군조선, 4권은 북부여에서부터 고려까지의 역사가 실려 있다. 5권에는 역사를 증명하는 부록과 함께 환단고기 원문을 실었다.
344 · 368 · 264 · 352 · 344쪽.
각권 12,000원

10. 바로보인 선문염송 (전30권)

선문염송은 세계최대의 공안집이다. 전 공안을 망라하다시피 했기에 불조의 법 쓰는 바를 손바닥 들여다보듯 하지 않고 는 제대로 번역할 수 없다. 대원 선사는 전 공안을 바로 참구할 수 있게끔 번역하 고 각 칙마다 일러보였다.

352 368 344 352 360 360 400 440 376 392 384 428 410 380 368 434 400 404 406 440 424 460 472 456 504 528 488 488 480 512쪽 각권 15,000원

11. 앞뜰에 국화꽃 곱고 북산에 첫눈 희다

대원 선사의 선문답집으로 전강·경 봉·숭산·묵산 선사와의 명쾌한 문답을 실었으며, 중앙일보의 〈한국불교의 큰스 님 선문답〉 열 분의 기사와 기자의 질문에 대한 대원 선사의 별답을 함께 실었다.

200쪽. 5,000원

12. 바로보인 증도가

선종사에 사라지지 않을 발자취로 남은 영가 선사의 증도가를 대원 선사가 번역 하고 법문과 송을 더하였다.

자비의 방편인 증도가의 말씀을 하나하나 쳐가는 선사의 일갈이야말로 영가 선사의 본 의중과 일치하여 부합하는 것이라 아 니할 수 없다.

376쪽. 10,000원

13. 바로보인 반야심경

이 시대의 야부(冶父)선사, 대원 선사가
최초로 반야심경에 과목을 붙여 반야심경
내면에 흐르는 뜻을 밀밀하게 밝혀놓고
거침없는 송으로 들어보았다.
264쪽. 10,000원

14. 선(禪)을 묻는 그대에게 (전10권 중 2권)

대원 선사의 선수행에 대한 문답집.
깨달아 사무친 경지에 대한 밀밀한 점검
과, 오후보림에 대한 구체적인 수행법 제
시와, 최초의 무명과 우주생성의 원리까
지 낱낱이 설한 법문이 담겨 있다.
280쪽, 272쪽. 각권 15,000원

15. 바로보인 선가귀감

선가귀감은 깨닫고 닦아가는 비법이 고스
란히 전수되어 있는 선가의 거울이라 할
만하다. 더욱이 바로보인 선가귀감은 매
소절마다 대원 선사의 시송이 화살을 과
녁에 적중시키듯 역대 조사와 서산대사의
의중을 꿰뚫어 보석처럼 빛나고 있다.
352쪽. 15,000원

16. 바로보인 법융선사 심명

심명 99절의 한 소절, 한 소절이 이름 그대로 마음에 새겨두어야 할 자비광명들이다.

이 심명은 언어와 문자이면서 언어와 문자를 초월한 일상을 영위하게 하는 주옥같은 법문이다.

278쪽. 12,000원

17. 주머니 속의 심경

반야심경은 부처님이 설하신 경 중에서도 절제된 경으로 으뜸가는 경이다. 대원 선사의 선송(禪頌)도 그 뜻을 따라 간략하나 선의 풍미를 한껏 담고 있다. 하루에 한 소절씩을 읽고 참구한다면 선 수행의 지름길이 될 것이다.

84쪽. 5,000원

18. 바로보인 법성게

법성게는 한마디로 화엄경의 핵심부를 온통 훤출히 드러내놓은 게송이다. 짧은 글 속에 일체의 법을 이렇게 통렬하게 담아놓은 법문도 드물 것이다.

이렇게 함축된 법성게 법문을 대원 선사가 속속들이 밀밀하게 설해놓았다.

176쪽. 10,000원

19. 달다 - 전강 대선사 법어집

이제는 전설이 된 한국 근대선의 거목인 전강 선사님의 최상승법과 예리한 지혜, 선기로 넘쳤던 삶이 생생하게 담겨 있는 전강 대선사 법어집 〈 달다 〉!
전강 대선사님의 인가 제자인 대원 선사가 전강 대선사님의 법거량과 법문, 일화를 재조명하여 보였다.
368쪽. 15,000원

20. 기우목동가

그 뜻이 심오하여 번역하기 어려웠던 말계 지은 선사의 기우목동가!
대원 선사가 바른 뜻이 드러나도록 번역하고, 간결한 결문과 주옥같은 선송으로 다시 보였다.
146쪽. 10,000원

21. 초발심자경문

이 초발심자경문은 한문을 새기는 힘인 문리를 터득하게 하기 위하여 일부러 의역하지 않고 직역하였다.
대원 선사의 살아있는 수행지침도 실려 있다.
266쪽. 10,000원

22. 방거사어록

방거사어록은 선의 일상, 선의 누림을 보여주는 대표적인 선문이다. 역저자인 대원 선사는 방거사어록의 문답을 '본연의 바탕에서 꽃피우는 일상의 함'이라 말하고 있다. 법의 흔적마저 없는 문답의 경지를 온전하게 드러내 놓은 번역과, 방거사와 호흡을 함께 하는 듯한 '토끼뿔'이 실려 있다.
306쪽. 15,000원

23. 실증설

이 책의 모태는 대원 선사가 2010년 2월 14일 구정을 맞이하여 불자들에게 불법의 참뜻을 보이기 위해 홀연히 펜을 들어 일시에 써내려간 이 책의 3부이다. 실증한 이가 아니고는 설파할 수 없는 일구도리로 보인 이 3부와 태초로부터 영겁에 이르는 성품의 이치를 문답과 인터뷰 법문으로 낱낱이 설한 1, 2를 보아 실증하기를…
224쪽. 10,000원

24. 하택신회대사 현종기

육조대사의 법이 중국천하에 우뚝하도록 한 장본인, 하택신회대사의 현종기. 세간에 지해종도로 알려져 있는 편견을 불식시키는 뛰어난 깨달음의 경지가 여기에 담겨있다. 대원 선사가 하택신회대사의 실경지를 드러내고 바로보임으로써 빛냈다.
232쪽. 10,000원

25. 불조정맥 - 韓·英·中 3개국어판

석가모니불로부터 현 78대에 이르기까지 불조정맥진영(佛祖正脈眞影)과 정맥전법게(正脈傳法偈)를 온전하게 갖춘 최초의 불조정맥서. 대원 선사가 다년간 수집, 정리하여 기도와 관조 끝에 완성한 『불조정맥』을 3개국어로 완역하였다.
216쪽. 20,000원

26. 바른 불자가 됩시다

참된 발심을 하여 바른 신앙, 바른 수행을 하고자 해도, 그 기준을 알지 못해 방황하는 불자님들을 위해 불법의 바른 길잡이 역할을 하도록 대원 선사가 집필하여 출간하였다.
162쪽. 10,000원

27. 누구나 궁금한 33가지

21세기의 인류를 위해 모든 이들이 가장 어렵고 궁금해 하는 문제, 삶과 죽음, 종교와 진리에 대한 바른 지표를 제시하고자 대원 선사가 집필하여 출간하였다.
180쪽. 10,000원

28. 108진참회문 - 韓·英·中 3개국어판

전생의 모든 악연들이 사라져 장애가 없어지고, 소망하는 삶을 살게 하기 위해 대원 선사가 10계를 위주로 구성한 108항목의 참회문이다. 한 대목마다 1배를 하여 108배를 실천할 것을 권한다.
170쪽. 15,000원

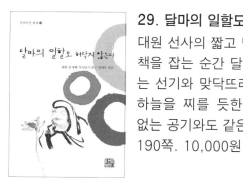

29. 달마의 일할도 허락지 않는다

대원 선사의 짧고 명쾌한 법문집.
책을 잡는 순간 달마의 일할도 허락지 않는 선기와 맞닥뜨리게 될 것이다. 때로는 하늘을 찌를 듯한 기세와, 때로는 흔적 없는 공기와도 같은 향기를 일별하기를…
190쪽. 10,000원

30. 마음대로 앉아 죽고 서서 죽고

생사를 자재한 분들의 앉아서 열반하고 서서 열반한 내력은 물론 그분들의 생애와 법까지 일목요연하게 수록해놓았다.
446쪽. 15,000원

31. 화두 3개국어판 - 韓·英·中

『화두』는 대원 선사의 평생 선문답의 결정판이다. 생생하게 살아있는 선(禪)을 한·영·중 3개국어로 만날 수 있다. 특히 대원 선사의 짧은 일대기가 실려 있어 그 선풍을 음미하는 데에 큰 도움을 주고 있다.

440쪽. 15,000원

32. 바로보인 간당론

법문하는 이가 법리를 모르고 주장자를 치는 것을 눈먼 주장자라 한다. 법좌에 올라 주장자 쓰는 이들을 위해서 대원 선사가 간당론에서 선리(禪理)만을 취하여 『바로보인 간당론』을 출간하였다.

218쪽. 20,000원

33. 완전한 우리말 불공예식법

부처님께 공양을 올리고 불보살님의 가피를 구하는 예법 등을 총칭하여 불공예식법이라 한다. 대원 선사가 이러한 불공예식의 본뜻을 살려서 완전한 우리말본 불공예식법을 출간하였다.

456쪽. 38,000원

34. 바로보인 유마경

유마경은 불법의 최정점을 찍는 경전이라 할 것이니, 불보살님이 교화하는 경지에서의 깨달음의 실경과 신통자재한 방편행을 보여주는 최상승 경전이다. 대원 선사가〈 대원선사 토끼뿔 〉로 이 유마경에 걸맞는 최상승법을 이 시대에 다시금 드날렸다.

568쪽. 20,000원

35. 실증설
5개국어판 – 韓 · 英 · 佛 · 西 · 中

대원 선사가 불법의 참뜻을 보이기 위해 홀연히 펜을 들어 일시에 써내려간 실증설! 실증한 이가 아니고는 설파할 수 없는 도리로 가득한 이 책이 드디어 영어, 불어, 스페인어, 중국어를 더하여 5개국어로 편찬되었다.

860쪽. 25,000원

36. 누구나 궁금한 33가지
3개국어판 – 韓 · 英 · 中

누구라도 풀어야 할 숙제인 33가지의 의문에 대한 답을 21세기의 현대인에게 맞는 비유와 언어로 되살린 『누구나 궁금한 33가지』가 한글, 영어, 중국어 3개국어로 출간되었다.

408쪽. 15,000원

37. 달마의 일할도 허락지 않는다
3개국어판 - 韓·英·中

대원 선사의 짧고 명쾌한 법문집인 『달마의 일할도 허락지 않는다』가 한글, 영어, 중국어 3개국어로 출간되었다. 전세계에서 유일하게 활선의 가풍이 이어지고 있는 한국, 그 가운데에서도 불조의 정맥을 이은 대원 선사가 살활자재한 법문을 세계로 전하고 있는 책이다.

308쪽. 15,000원

38. 화엄경 (전81권 중 39권)

대원 선사는 선문염송 30권, 전등록 30권을 모두 역해하여 세계 최초로 1,463칙 전 공안에 착어하였다. 이러한 안목으로 대천세계를 손바닥의 겨자씨 들여다보듯 하신 불보살님들의 지혜와 신통으로 누리는 불가사의한 화엄세계를 열어 보였다.

각권 15,000원

39. 법성게 3개국어판 - 韓·英·中

법성게는 한마디로 화엄경의 핵심부를 훤출히 드러내놓은 게송으로 짧은 글 속에 일체 법을 고스란히 담아 놓았다. 대원 선사의 통쾌한 법성게 법문이 한영중 3개국어로 출간되었다.

376쪽. 15,000원

40. 정법의 원류

『정법의 원류』는 불조정맥을 이은 정맥선원의 소개서이다. 정맥선원은 불조정맥 제77조 조계종 전강 대선사의 인가 제자인 대원 전법선사가 주재하는 도량이다. 『정법의 원류』를 통해 정맥선원 대원 선사의 정맥을 이은 법과 지도방편을 만날 수 있다.

444쪽. 20,000원

41. 바로보인 도가귀감

도가귀감은, 온통인 마음[一物]을 밝혀 회복함으로써, 생사를 비롯한 모든 아픔과 고를 여의어, 뜻과 같이 누려서 살게 하고자 한 도교의 뜻을, 서산대사가 밝혀 놓은 책이다. 대원 선사가 부록으로 도덕경의 중대한 대목을 더하고, 그 대목대목마다 결문(決文)하였다.

218쪽. 12,000원

42. 바로보인 유가귀감

유가귀감은 서산대사가 간추려놓은 구절로서, 간결하지만 심오하기 그지없으니, 간략한 구절 속에서 유교 사상을 미루어 볼 수 있게 하였다. 대원 선사가 그 뜻이 잘 드러나게 번역하고 그 대목대목마다 결문(決文)하였다.

236쪽. 15,000원

법문 MP3를 주문판매합니다

부처님의 78대손이신 농선 대원 전법선사님의 법문 MP3가 나왔습니다. 책으로만 보아서는 고준하여 알기 어려웠던 선문의 이치들이 자세히 설하여져 있어서, 모든 궁금증을 시원하게 풀어줄 것입니다.

- 천부경 : 15,000원
- 신심명 : 30,000원
- 현종기 : 65,000원
- 기우목동가 : 75,000원
- 반야심경 : 1회당 5,000원 (총 32회)
- 선가귀감 : 1회당 5,000원 (총 80회)

- 금강경 : 40,000원
- 법성계 : 10,000원
- 법융선사 심명 : 100,000원

대원 선사님 작사 노래 CD 주문판매합니다

가슴으로 부르는
불심의 노래

1. 서 원 가 (3:36)
2. 반조 염불가 (4:00)
3. 소중한 삶 (2:30)
4. 석가모니불 (4:52)
5. 맹서의 노래 (4:25)
6. 염원의 노래 (3:25)
7. 음성 공양 (3:51)
8. 발 심 가 (3:05)
9. 자비의 품 (4:10)
10. 부처님 은혜(첫 번째) (4:34)

11. 보살의 마음 (3:50)
12. 이 생에 해야 할 일 (3:08)
13. 구도의 목표 (3:18)
14. 남은 아시리 (3:42)
15. 부처님 은혜(두 번째) (4:34)
16. 성중성인 오셨네 (3:10)
17. 내 문제는 내가 풀자 (2:38)
18. 즐거운 밤 (2:27)
19. 관 음 가 (2:48)

• 가격 : 2만 원

가슴으로 부르는
불심의 노래 2

1. 부 처 님 (4:01)
2. 열반재일 (3:09)
3. 성도재일 (4:00)
4. 석굴암의 노래 (3:19)
5. 님의 모습 (3:15)
6. 믿고 따르세 (2:55)
7. 신명을 다하리 (4:17)
8. 부처님께 바치는 마음 (3:49)
9. 감사합니다 (3:10)
10. 교 화 가 (4:30)

11. 성철각 소초 (3:08)
12. 권 수 가[1] (3:02)
13. 권 수 가[2] (3:02)
14. 우란분재일 (3:38)
15. 고맙습니다 (2:31)
16. 믿음으로 여는 세상 (3:05)
17. 출가재일 (2:44)
18. 염 원 (2:52)
19. 우리네 삶, 고운 수로 (2:35)
20. 숲속의 마음 (2:33)

• 가격 : 1만5천 원

문의 전화 ☎ 031-534-3373

유튜브에서 채널 구독하시고
무료로 찬불가 앨범을 감상하세요

유튜브에서 MOONZEN을 검색하시거나
아래의 주소로 접속해주세요

http://www.youtube.com/user/officialMOONZEN

화엄경 40권은 성불사 국제정맥선원 증관스님, 이운범, 윤영선, 이성호, 이한샘, 권부송님의 보시에 의해 출간되었습니다. 이 무량공덕으로 구경 성불하시기를 기원합니다.